W0248960

René Lucio
Jan Spütz

Fantasievolle Geschenkverpackungen selber falten

René Lucio
Jan Spütz

Fantasievolle Geschenkverpackungen selber falten

Urania-Ravensburger

Alle in diesem Buch veröffentlichten Abbildungen und Modelle sind urheberrechtlich geschützt und dürfen nur mit ausdrücklicher Genehmigung des Verlages und der Urheber gewerblich genutzt werden.

Die Ratschläge in diesem Buch sind von Verlag und Autoren sorgfältig erwogen und geprüft, dennoch kann eine Garantie nicht übernommen werden. Eine Haftung der Autoren bzw. des Verlages und seiner Beauftragten für Personen-, Sach- und Vermögensschäden ist ausgeschlossen.

Die Deutsche Bibliothek - CIP-Einheitsaufnahme
Fantasievolle Geschenkverpackungen selber falten / René Lucio ; Jan Spütz. – Berlin : Urania-Ravensburger, 1999
ISBN 3-332-01041-7

Umschlaggestaltung: Behrend & Buchholz, Hamburg
Fotos: Raoul Manuel Schnell, München
Zeichnungen: Jan Spütz, München
Texte: Carmen Ick-Dietl, München
Layout: Rene Lucio und Jan Spütz, München
Lektorat: Ina Steinbrück
Satz: City Repro, Berlin
Druck: Himmer, Augsburg
Printed in Germany

Gedruckt auf alterungsbeständigen Papier mit chlorfrei gebleichtem Zellstoff.

Die Schreibweise entspricht den Regeln der neuen Rechtschreibung.

99 00 01 02 4 3 2 1

ISBN 3-332-01041-7

Einleitung

Erst die Verpackung macht das Buch, die Weinflasche, die CD etc. zum Geschenk. Doch wie liebevoll und schön die meisten Verpackungen auch gestaltet sein mögen, sie sind häufig Einwegartikel, die recht schnell im Müll landen. Mit diesem Buch haben wir versucht, Anregungen für die Gestaltung von Verpackungen zu geben, denen ein längeres »Leben« beschieden sein soll.

Längst ist das Verpacken zur Kunst geworden. Es gehört zum guten Ton, sich möglichst originell gestaltete Verpackungen auszudenken oder anfertigen zu lassen.

Mit diesem Buch wollen wir Ihnen dabei helfen, für Ihr Geschenk eine reizvolle Hülle zu schaffen, mit der Sie Freude verbreiten und Aufmerksamkeit erregen.
Auf aufwändige Accessoires wie Schleifen, Federn, Glimmer, Tüll, Blüten und Bänder haben wir bewusst verzichtet.
»Papier pur« heißt unser Motto. Geschenkpapier, wie es fast jeder parat hat, genügt völlig. Wir wollen Ihnen aber auch zeigen, wie schön und intelligent eine Verpackung konzipiert werden kann. Und dass es für Verpackungen – ganz im Sinne von Recycling und Umweltschutz – auch noch andere Verwendungszwecke geben kann. Unsere Verpackungen sollen nach Erfüllung ihrer eigentlichen Funktion Aussicht auf Wiederverwendung haben und nicht das Schicksal anderer Verhüllungen teilen und auf einem großen Berg von zusammengeknülltem Papier landen.
Wir wünschen viel Spaß beim Nacharbeiten der Verpackungen!

René Lucio
und
Jan Spütz

Verpackungen dienen natürlich dazu, den Augenblick des Auspackens besonders spannend zu gestalten. Jeder kennt den Nervenkitzel, den Erwartung und Neugier auf den Inhalt hervorrufen, wenn ein schön verpacktes Geschenk behutsam aufgemacht wird. Die Verpackung hat einen maßgeblichen Anteil daran, welchen ersten Eindruck man von einem Geschenk bekommt.
Auch in der Welt des Kommerzes spielt die Verpackung eine wichtige Rolle. Beim heutigen Verpackungsdesign zielt alles darauf ab, den Packungsinhalt möglichst vorteilhaft und verlockend zur Geltung zu bringen. Für die kurze Zeitspanne, bis ein Artikel in die Hände eines Verbrauchers gelangt, braucht er eine Hülle. In europäischen und amerikanischen Kaufhäusern wird die eingekaufte Ware unachtsam in unförmige Tüten oder Beutel gestopft. Ganz im Gegensatz zu den japanischen Läden. Wenn man in einem japanischen Kaufhaus etwas einkauft, wird es mit größter Sorgfalt in hübsches Papier eingeschlagen. Die meisten Geschäfte haben sogar wunderschönes, eigens für sie entworfenes Verpackungspapier und eigens gestaltete Tragetaschen. Der Vorgang des Verpackens hat für die Japaner schon seit jeher eine besondere Bedeutung. Während sich außerhalb Japans der Umgang mit einer Schachtel auf die Frage konzentriert, was darin ist, glauben die Japaner, dass sich in der Art und Weise, wie etwas verpackt ist, Respekt und Dankbarkeit des Schenkenden bzw. des Käufers offenbart. Deshalb achten sie sehr darauf, wie die Geschenke, die sie erhalten, eingepackt sind. Ist das Präsent lieblos eingewickelt, fühlen sie sich vom Schenkenden betrogen. Auf die Auswahl der richtigen Verpackung für einen bestimmten Anlass wird oft ebenso viel Sorgfalt verwendet, wie auf die Auswahl des Geschenkes selbst. Wie man Dinge richtig einpackt, bringen japanische Eltern schon ihren Kindern bei. Dabei gehen sie sowohl auf das jeweils passende Geschenkpapier ein als auch auf die verschiedenen Verpackungsverfahren.

Verpacken, einwickeln, verstauen, verstecken, aufheben, sammeln, Objekte gestalten – mit Verpackungen verbinden sich viele Funktionen. Die entsprechende Inspiration wird sich schnell von selbst einstellen. Sicher hatten auch Sie schon mal eine Verpackung in der Hand, die so schön war, dass Sie es nach dem Auspacken nicht über sich brachten, sie einfach wegzuwerfen, und deshalb ein Dekorationsobjekt daraus machten. Im Objektdesign waren Verpackungen oft der Auslöser für neue, avantgardistische Dinge. Die Technik des Papierfaltens diente einigen Möbeldesignern als Vorbild. So gibt es inzwischen jede Menge von gefalteten Pappmöbeln. Aber auch an andere Materialien, besonders aus Stahlblech, lässt sich das Faltprinzip ablesen. Der Paravent ist wohl das älteste und einfachste Beispiel dafür. Nach seinem Vorbild gefaltete Möbelstücke werden in vielen Fällen als regelrechte Rauminstallationen genutzt. Gefaltete Dinge sind Platz sparend, beweglich und leicht austauschbar. Rollläden, Klappräder, Kinderbuggys, Falttüren, Satellitenflügel, das Mittelstück eines Akkordeons, Vordächer, Stadtpläne, Fächer – viele Dinge nutzen Faltprinzipien. Am allerbesten eignet sich das Falten, Falzen und Knicken jedoch für die Konstruktion von Verpackungen.

Papier und Werkzeug

Papier gehört zu den ältesten Erfindungen der Menschheit. Vor Jahrtausenden wurden Steine verwendet, um Mitteilungen hineinzuritzen, später schrieb man auf gegerbte Lederhäute. Die Ägypter nutzten aus Schilfgras hergestelltes Papier, Vorläufer des heutigen Papiers. Bis Mitte des 19. Jahrhunderts wurde Papier aus Stofflumpen hergestellt, heute besteht es aus Zellulose. Im Laufe der Zeit entwickelten sich immer neue Sorten, die Stabilität des Papiers wurde verbessert, die Herstellungsmethoden technisiert. Anfangs war das Papier noch kostbar und rar, doch mit zunehmender Produktion erweiterten sich auch die Anwendungsmöglichkeiten. War es bisher fast ausschließlich »Grundlage« für wertvolle Schriftstücke, Malereien und andere Kunstwerke, wurde Papier jetzt auch für ganz neue Dinge eingesetzt, beispielsweise als Verpackungsmaterial. Heute gibt es unzählige Arten von Papier. Manche wehren sich dagegen, geknickt oder gefaltet zu werden. Für die gezeigten Verpackungen sollte man Papier benutzen, das nicht zu dick ist, sich leicht falzen lässt und nicht bricht, wenn man es auf- oder zuklappt.

Bei den Geschenkpapierbögen handelt es sich nicht um die Billigware aus Supermärkten, sondern um Rollen und Bögen, wie man sie im gut sortierten Papierfachgeschäft, in Bastelläden oder im Künstlerbedarf erhält. Verlangen Sie »handwerkliches Papier«, dann ist den meisten Verkäufern klar, welche Papierart Sie suchen. Gute Erfahrungen wurden auch mit handgeschöpftem Papier gemacht. Wegen seiner unvergleichlichen Schönheit und Struktur wird es häufig von Künstlern und Dekorateuren benutzt. Ob das Papier aus Nepal oder Japan stammt, ist ganz egal. Japanpapier fühlt sich sehr weich an, seine Oberfläche reflektiert das Licht mild und lässt sich relativ flexibel falten. Schön strukturiert und natürlich wirkt auch Papier aus Hanf, Wolle, Seidenfasern, Blüten oder Pflanzenteilen. Handgeschöpftes Papier kann man übrigens auch leicht selbst herstellen. In die Papiermasse, die so genannte Pulpe, lassen sich Gräser, Blätter und vieles mehr einarbeiten. Einen ganz eigenen Touch haben Transparentpapiere, die sich ebenfalls für die gezeigten Verpackungen eignen. Hübsches Geschenkpapier gibt es in Hülle und Fülle, allerdings, sind all diese Papiere nicht immer ganz billig. Kostengünstiger ist selbst gestaltetes Papier. Geeignet sind matte, einfarbige Einschlagpapiere wie sie in Schreibwarenläden oder Kaufhäusern verkauft werden. Mit Kartonschablonen oder Stempeln können einfache Motive mit Deck- oder Bastelfarben aufgetupft werden – fertig ist Ihr individuelles Geschenkpapier.

Sie benötigen ein Lineal mit Maßangaben, Radiergummi und Bleistift. Schaffen Sie sich zum Basteln eine feste Unterlage an, so vermeiden Sie Kratzer oder Schnitte auf Ihrer Arbeitsfläche. Das kann eine stabile Pappe sein, ideal ist eine alte Schreibtischunterlage. Profis arbeiten mit einer speziellen Cuttingmatte. Zum präzisen Papierschneiden eignet sich ein Cutter oder Skalpell. Hilfreich ist außerdem ein Papiermesser und ein Falzbein. Wer kein Falzbein zur Verfügung hat, kann statt dessen auch den stumpfen Rücken eines normalen Messers verwenden. Bei manchen Verpackungen braucht man Flüssigkleber, empfehlenswert ist Fixogum. Zum kurzzeitigen Festklemmen können Sie Büroklammern oder auch Wäscheklammern benutzen.

Faltanleitungen sind wie Notenblätter. Sie lesen zu können, erfordert Übung, genau wie das Lesen von Noten. Doch es ist nicht sehr schwer. Die verwendeten Symbole können in jeder Sprache verstanden werden. Der Vorteil: Wer sie beherrscht, kann alle Zeichnungen nachfalten, selbst aus Büchern in unbekannten Sprachen. Für die Faltungen in diesem Buch wurde ein System mit Symbolen entwickelt, das aus allgemein anerkannten und neu entwickelten Zeichen besteht. Dies sind im Wesentlichen Pfeile und Linien. Die Pfeile zeigen die Richtung an. Faltet man nach vorne, entsteht eine Talfalte. Faltet man nach hinten, entsteht eine Bergfalte. Außerdem gibt es Gegenbruchfalten, die entweder nach innen oder nach außen geführt werden. Hilfreich sind auch Symbole, die auf Vergrößerung oder Verkleinerung einer Darstellung hinweisen, oder anzeigen, dass die Figur gedreht werden soll. Die Faltsymbole können durchaus die schriftlichen Erläuterungen zu den einzelnen Schritten ersetzen.
Es ist hilfreich, immer die ersten Faltanleitungen auf die ungefärbte Seite des Papiers zu übertragen. Am Lineal entlang mit dem Falzbein vorgefalzt, ist dies die ideale Ausgangsposition für die gefalteten Verpackungen. Eine weitere wichtige Rolle spielt in diesem Buch die Papierschlaufe. Sie dient als Verbindung zwischen zwei gleich großen Verpackungsteilen, sozusagen als eine Art Stecksystem.

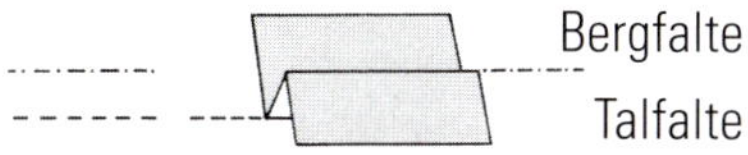

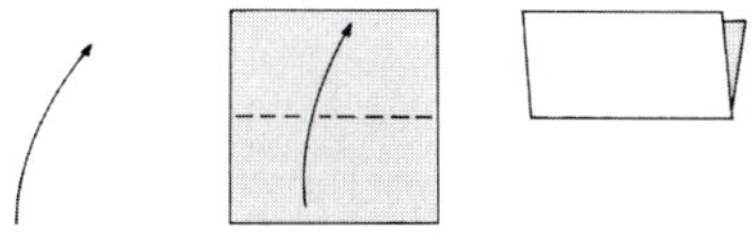

in Pfeilrichtung falten

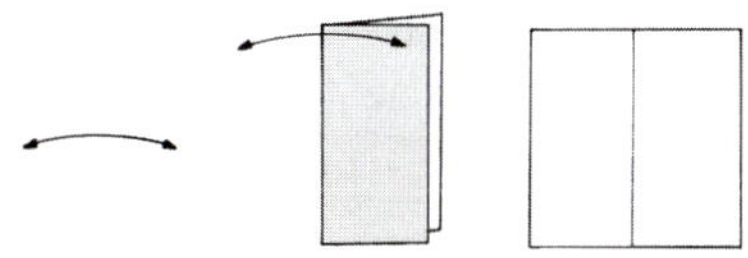

falten und wieder entfalten

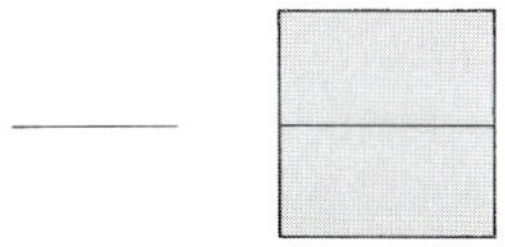

vorhandene Falte

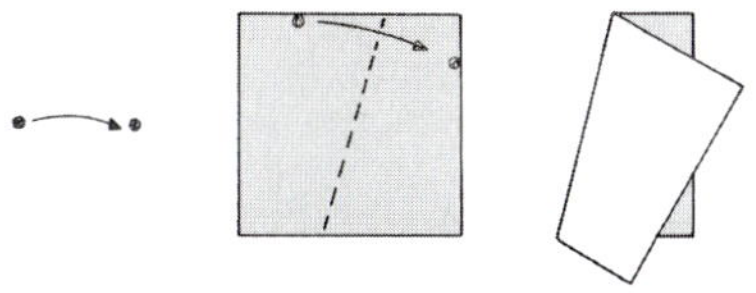

asymmetrisch Punkt auf Punkt falten

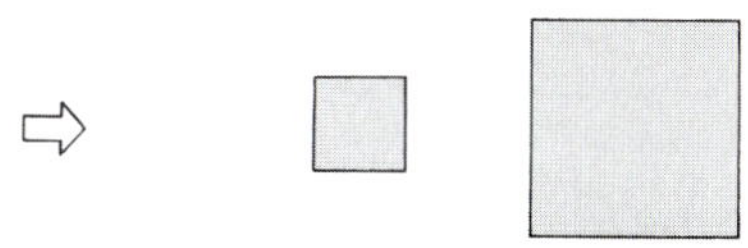

vergrößerter Maßstab

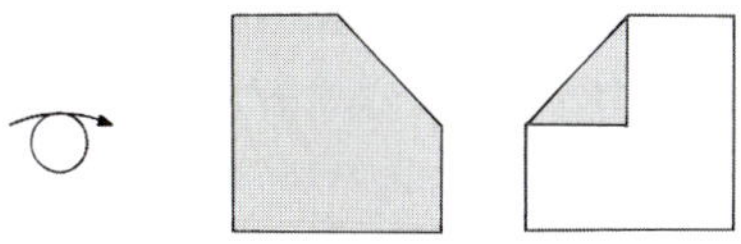

Figur wenden

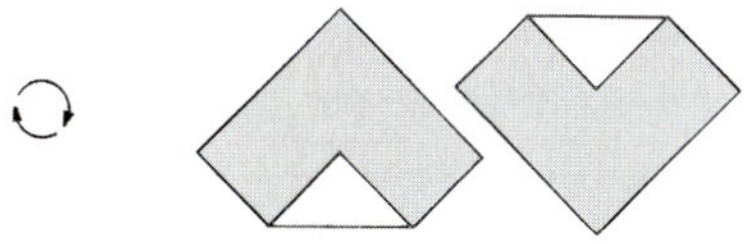

Figur drehen

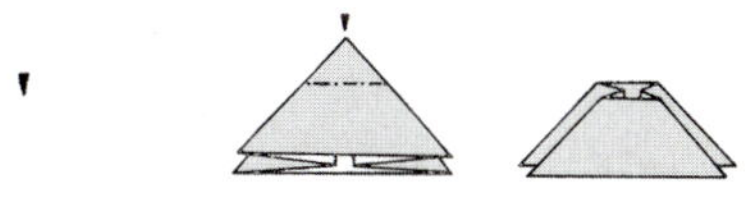

versenken

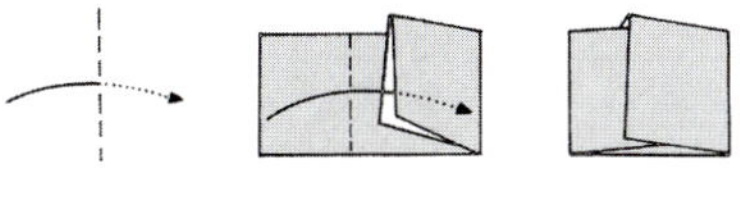

hineinstecken

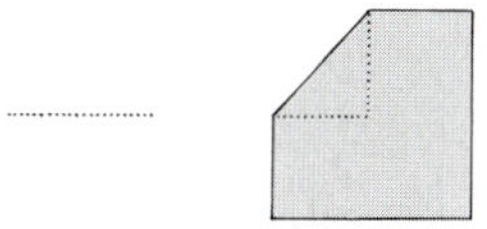

durch die Oberfläche gesehen

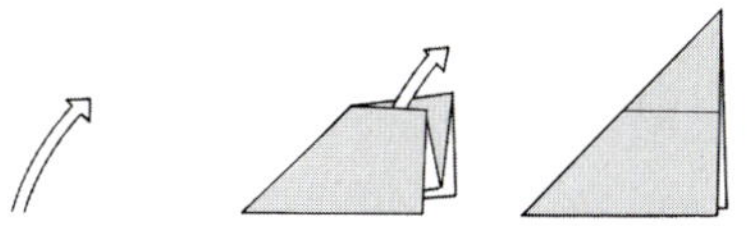

diese Faltung wieder entfalten

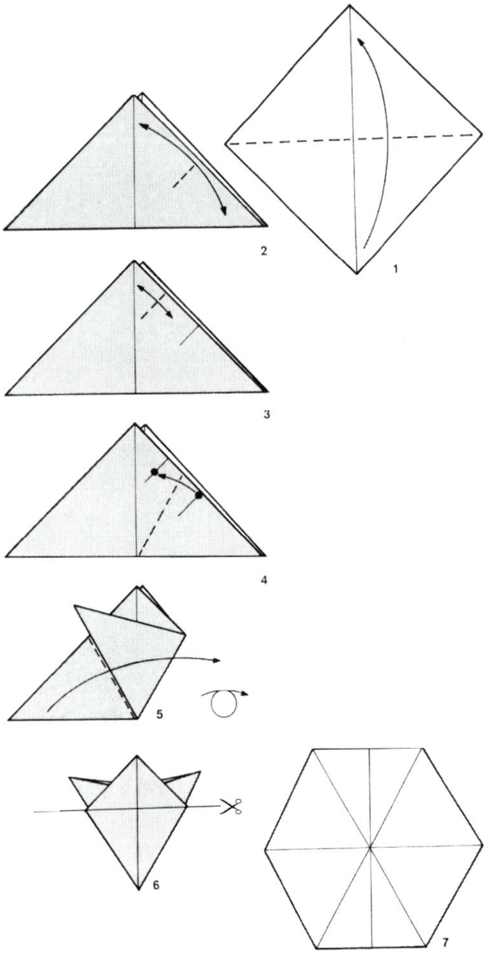

Sechseck aus dem Quadrat

Beginn: Quadrat, farbige Seite liegt hinten

1. Das Quadrat steht auf der Spitze. Die Mittelachse durch eine Faltung markieren, und dann die untere Spitze an die obere Spitze falten.
2. Die rechte Spitze des Dreiecks an die obere Spitze bringen und im Bruch leicht andrücken, um den Mittelpunkt der rechten Kante des Dreiecks zu markieren. Die Figur wieder zum Dreieck öffnen.
3. Die obere Spitze des Dreiecks an den in Faltschritt 2 gefundenen Mittelpunkt talfalten und dann wieder entfalten.
4. Im spitzen Winkel zur Mittelachse Punkt auf Punkt falten.
5. Die linke untere Spitze der Figur nach rechts falten, und die Figur dann wenden.
6. Entlang der gekennzeichneten Linie – sie markiert ein gleichschenkliges Dreieck im unteren Bereich der Figur – die oberen Spitzen abschneiden.
7. Das gefaltete Dreieck schließlich ganz auseinander falten, und das Sechseck ist fertig.

Papierschlaufe

Die Papierschlaufe dient dazu, zwei gleich große Teile fest miteinander zu verbinden. Sie bildet sozusagen den Zusammenhalt beim Stecksystem. Dazu müssen Sie einen Streifen Papier in beliebiger Breite zuschneiden, sodass er zum Objekt passt. Bei einer Breite von 15 cm ergibt sich beispielsweise eine Schlaufenhöhe von 7,5 cm. Die Länge ergibt sich aus der Anzahl der inneren Kantenlängen. Zum Einstecken der Enden ineinander müssen Sie noch 7,5 cm dazugeben. Dies gilt für alle Anleitungen, in denen keine Maßangaben genannt werden.

Wenn der Streifen fertig ist, wird er zur Hälfte von der geschlossenen Seite in ein Teil der Verpackung hineingeklebt. Jetzt nur noch das andere Teil daraufstecken.

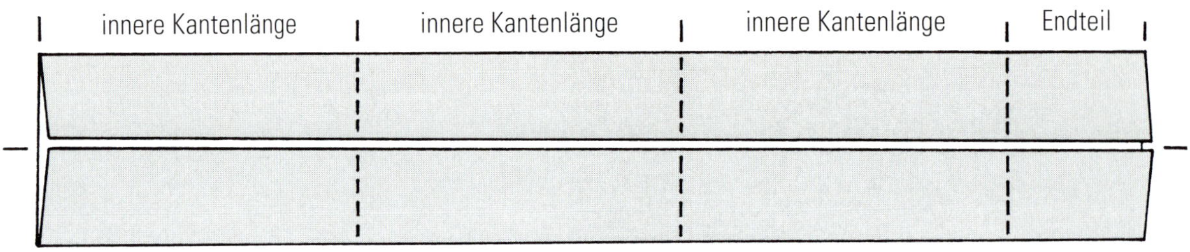

Deckel drauf und fertig!

Würfel

Quadratische Schachteln wie der Würfel sehen durch unterschiedliche farbige Gestaltungen immer wieder anders aus. Außerdem eignen sie sich prima zum Stapeln und Spielen. Der Würfel ist zudem das Grundelement für das Box-in-Box-System.

Papierformat: Ein Quadrat 30x30cm aus Geschenkpapier zuschneiden. Dieses ergibt einen Würfel mit einer Seitenlänge von 7,5 cm.

Faltbeginn: Die ungefärbte Seite des Papiers liegt oben.

1. Die untere Kante an die obere falten.
2. Erneut die untere Kante mit beiden Lagen an die obere Kante talfalten und wieder entfalten.
3. Den oberen Teil, wie angegeben, abschneiden. Nun den Bogen um 90 Grad drehen.
4. Die untere Kante an die obere Kante talfalten.
5. Die obere Kante der vorderen Lage nach unten talfalten und wieder entfalten.
6. Die vier Spitzen der vorderen Lage, wie angegeben, talfalten.

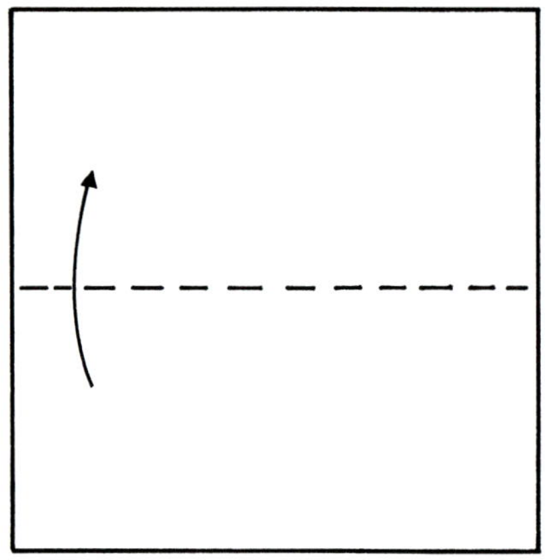

1

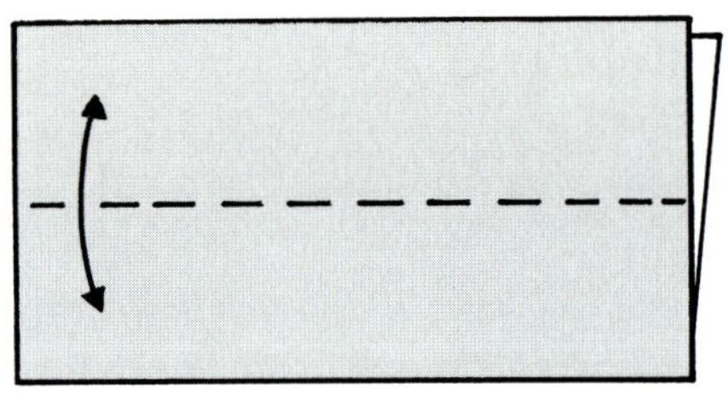

2

3

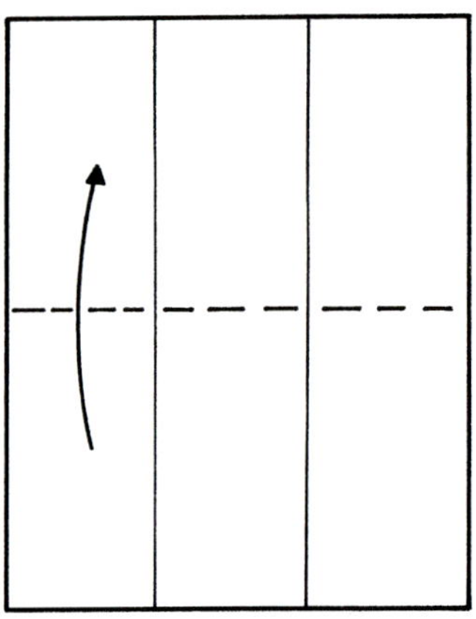

4

5

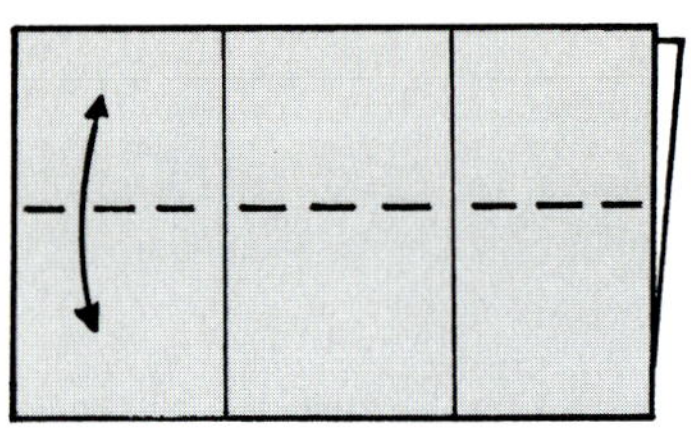

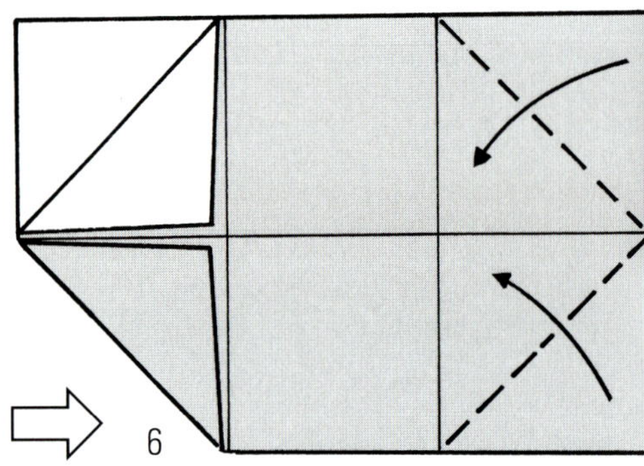

6

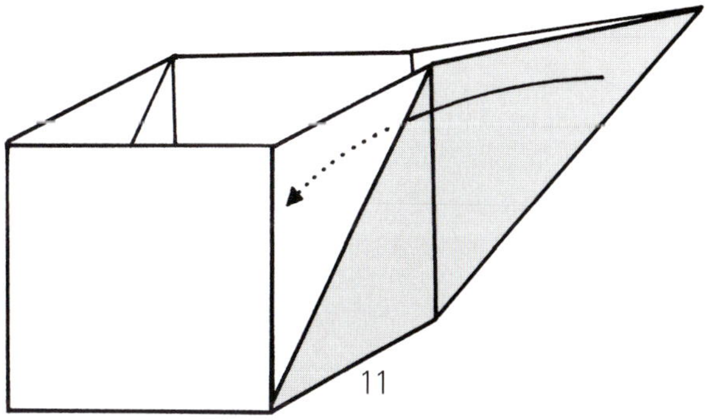

11

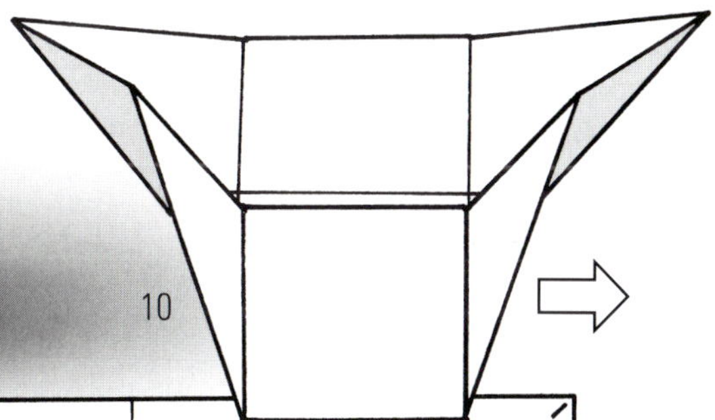

10

7. Beide Lagen, wie angegeben, talfalten und wieder entfalten.
8. Die vordere Lage nach unten falten.
9. Die oberen Ecken, wie in der Zeichnung angegeben, diagonal talfalten.

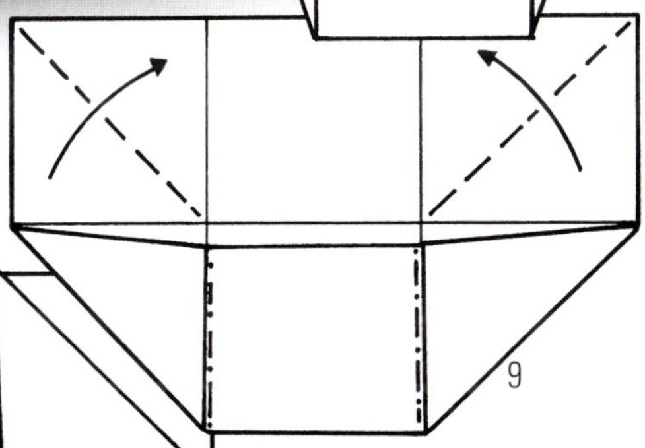

9

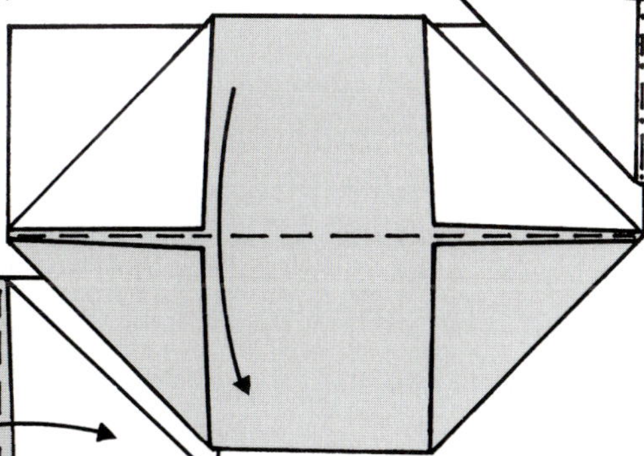

8

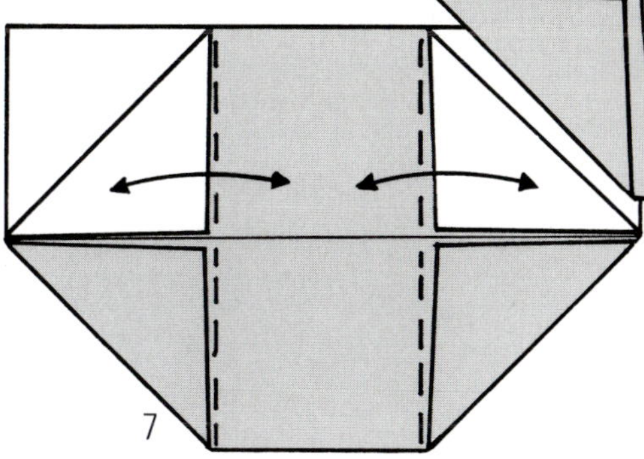

7

10. Die Tasche nach vorne ziehen und die vorgefalteten Ecken zusammendrücken. Es entsteht der Würfelkörper.
11. Die seitlichen Spitzen auf beiden Seiten in die diagonalen Taschen stecken. Für den Boden das Papierquadrat etwas kleiner zuschneiden, zusammenschieben und fertig!

Rechteckschachtel

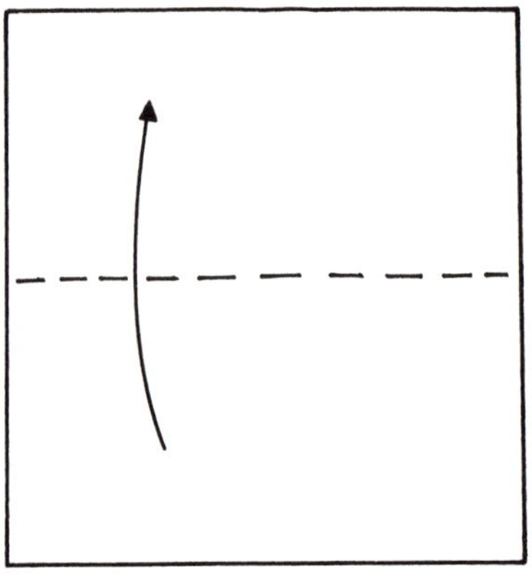

1

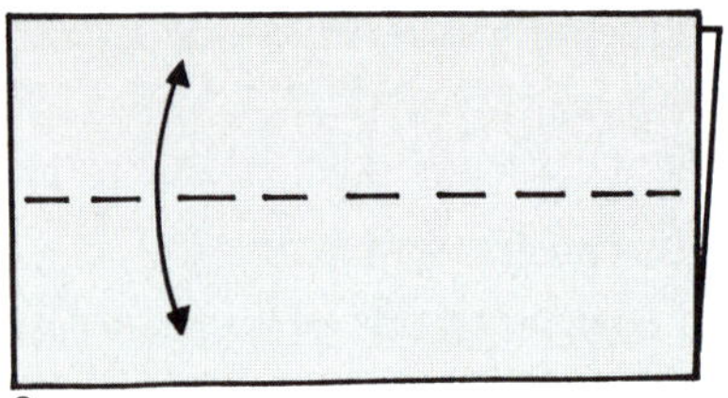

2

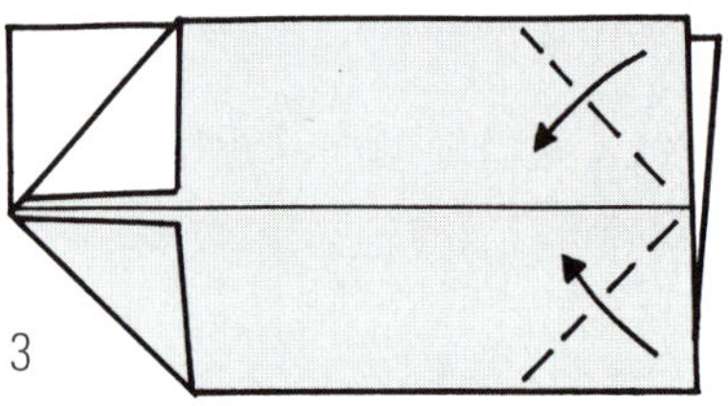

3

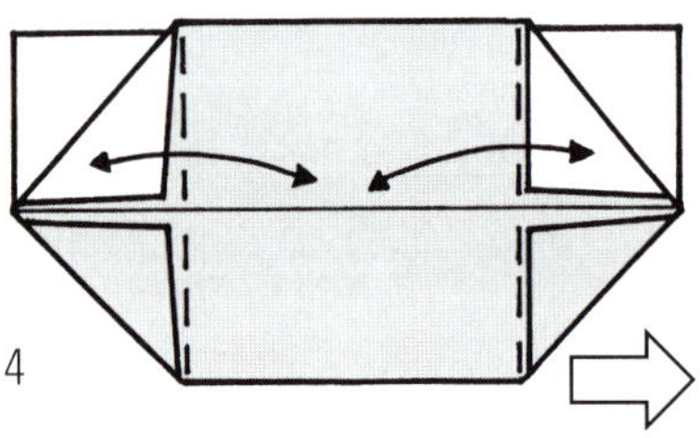

4

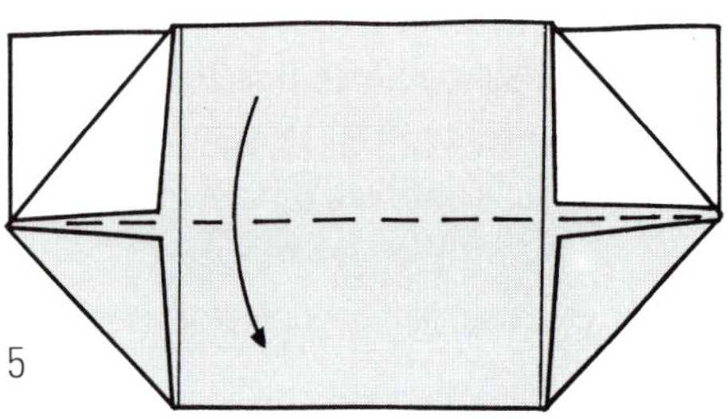

5

Die Rechteckschachtel besteht aus zwei langen Teilen, die ebenso wie beim Würfel zusammengesteckt werden. Alles, was nicht mehr in den quadratischen Würfel passt, kann hier aufbewahrt werden – egal ob Süßigkeiten, Schmuck oder Stifte.

Papierformat: Ein Quadrat der Größe 30 x 30 cm aus Geschenkpapier zuschneiden. Dieses ergibt eine Rechteckschachtel mit den Maßen 15 x 7,5 x 7,5 cm.

Faltbeginn: Die gleichen Faltschritte wie beim Würfel ausführen, jedoch den oberen Teil (Figur 3) nicht abschneiden. Für den Boden das Papierquadrat etwas kleiner schneiden.

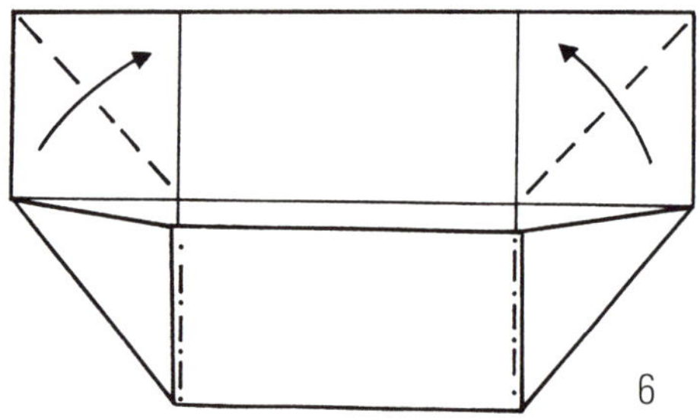

6

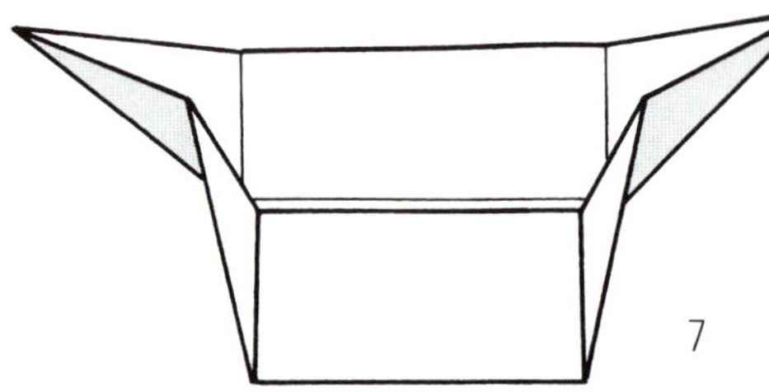

7

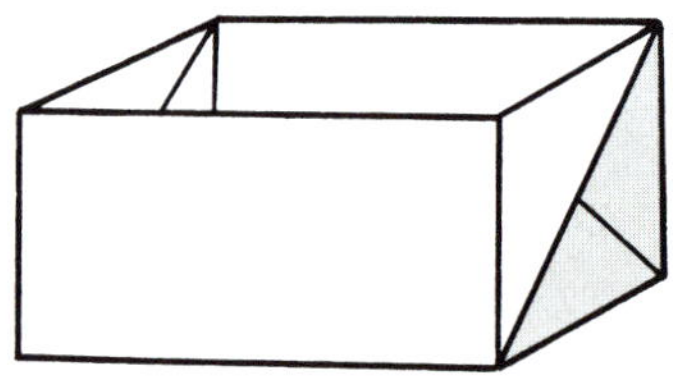

8

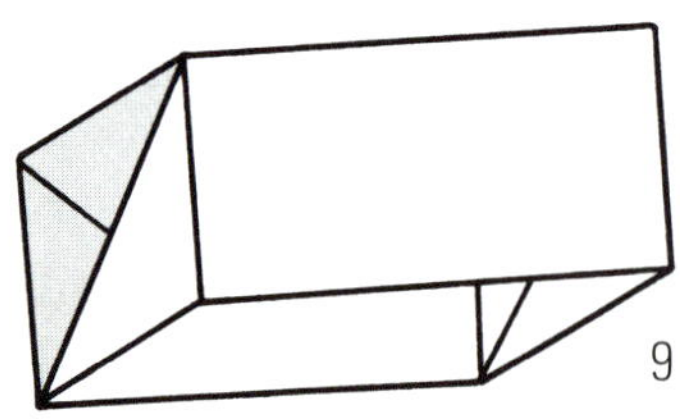

9

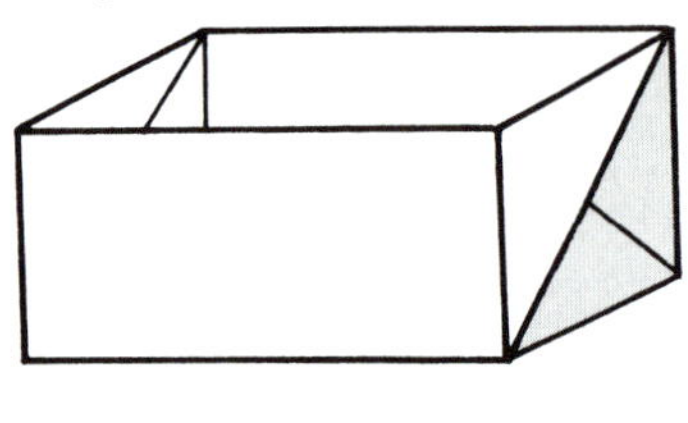

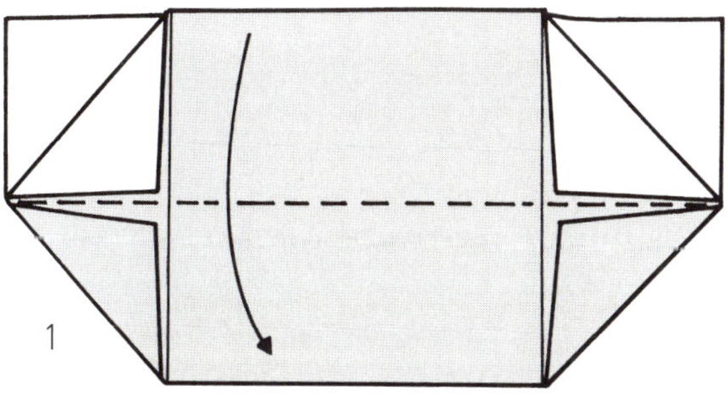

1

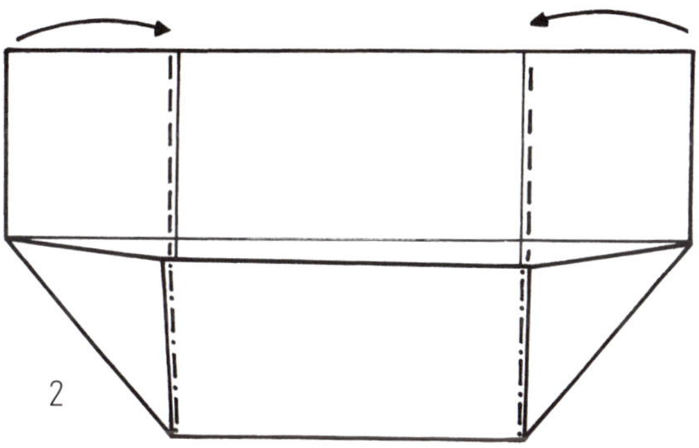

2

Eins und eins macht zwei, oder eins. Bei den Box-in-Box-Systemen bekommt selbst Adam Riese Probleme. In die große Viereckschachtel passen sowohl die Würfelschachtel als auch die Rechteckboxen hinein. Das Ganze funktioniert nach einem ähnlichen Prinzip wie die bekannten russischen Püppchen – die Matroschkas –, die immer wieder ineinander gestapelt werden können.

Papiergröße: Ein Quadrat mit den Maßen 31 x 31 cm aus Geschenkpapier zuschneiden. Dies ergibt ein Endformat von 7,5 x 15 x 15 cm.

Faltbeginn: Faltfolge der Rechteckschachtel bis einschließlich Figur 5 wiederholen.

1. Die obere Kante an die untere Kante talfalten. Dies entspricht der Figur 5 beim Bau einer Rechteckschachtel.
2. Die seitlichen Kanten durch Berg- und Talfalten nach oben bewegen.
3. Eine zweite Figur anfertigen. Die beiden Teile, wie angegeben, in die inneren und äußeren diagonalen Taschen stecken.
4. Den Deckel für die Schachtel bitte etwas größer zuschneiden und die angegebene Schrittfolge wiederholen.

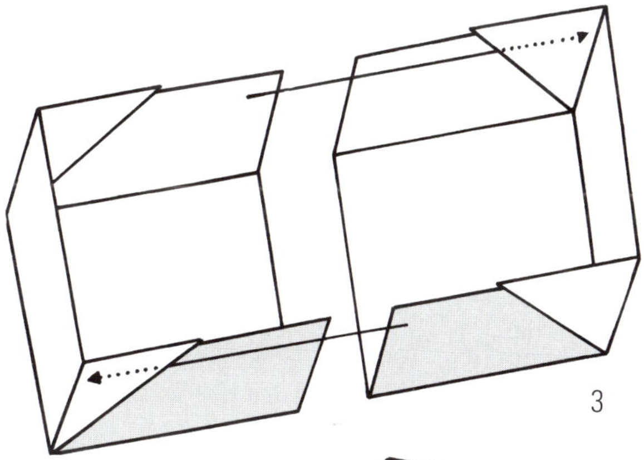

3

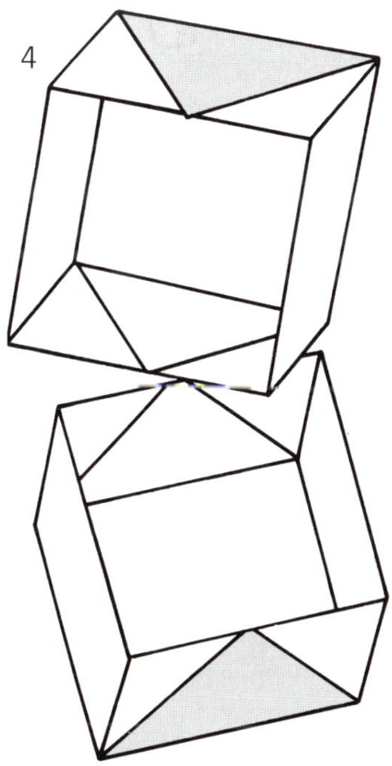

4

Umverpackung

Wer aufräumt, ist nur zu faul zum Suchen. Bei dieser Umverpackung gilt dieses Sprichwort wohl kaum – hier wird aufgeräumt, weil es einfach schöner aussieht. Aus zwei oder vier kleinen Würfelschachteln oder zwei Rechteckschachteln wird durch eine Umverpackung wieder eine. Ideal für die Aufbewahrung von Kleinigkeiten. Das schafft Ordnung in chaotischen Schubladen.

Papierformat: Ein Quadrat in der Größe 31 x 31 cm zuschneiden.
Endformat : 7,5 x 15 x 15 cm

Faltbeginn: Die unbedruckte Seite liegt oben. Den Mittelpunkt ausmessen und markieren.

1. Nacheinander alle vier Kanten zur Mitte falten und wieder entfalten.
2. Die vier Ecken, wie angegeben, talfalten.
3. Bergfalten, wie angegeben, erstellen.

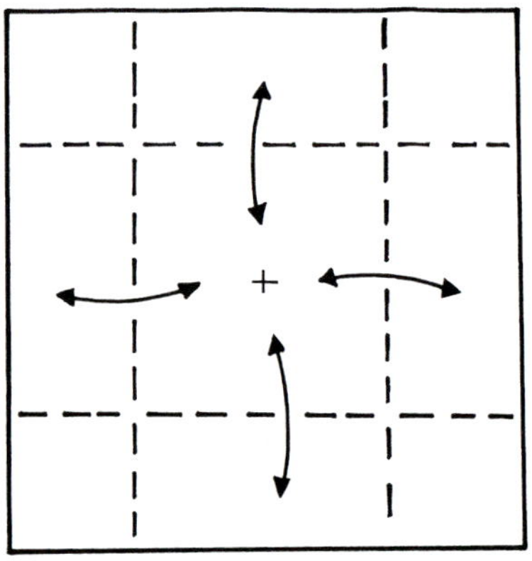

1

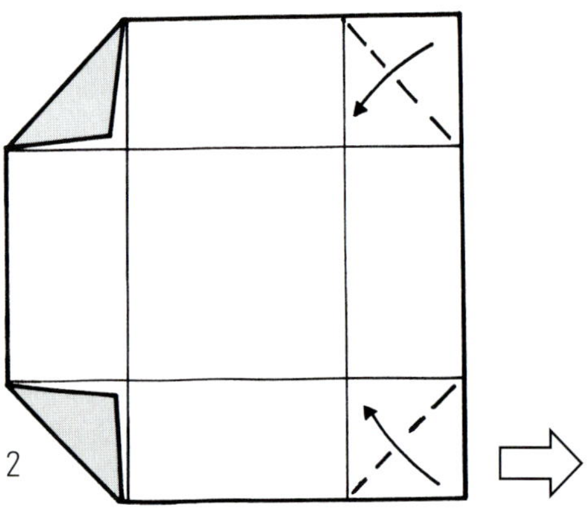

2

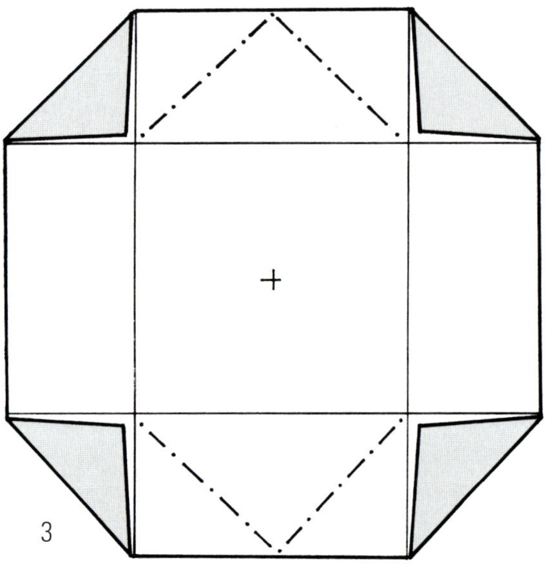

3

4. Berg- und Talfalten zur Mitte hin ausführen, bis sich zwei Dreiecke bilden.
5. Fertig ist Teil 1 unserer Umverpackung! Nun noch ein zweites Teil in gleicher Weise herstellen.
6. Beide Teile aufeinander gesteckt ergeben eine Deckelschachtel.

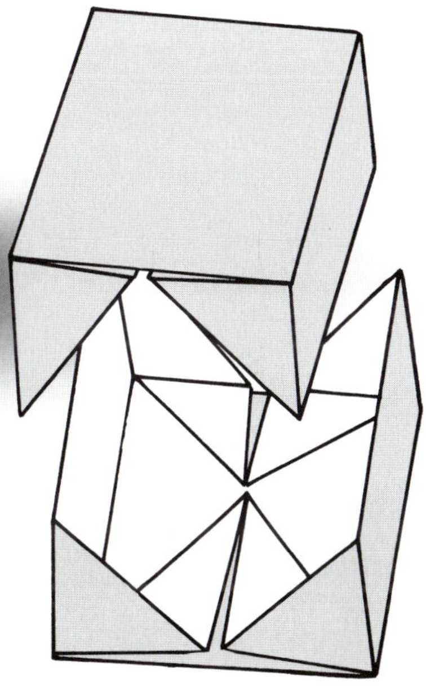

6

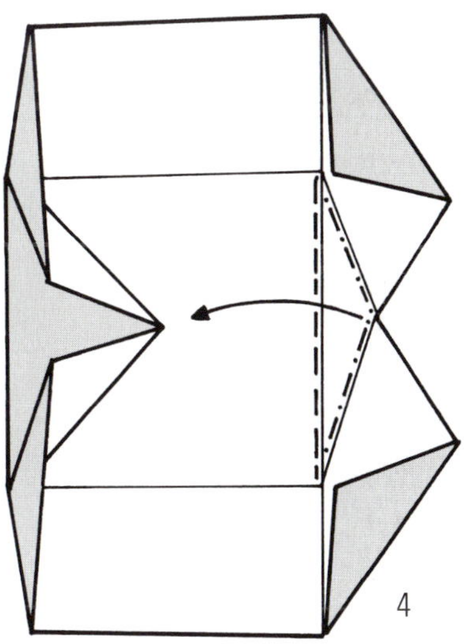

4

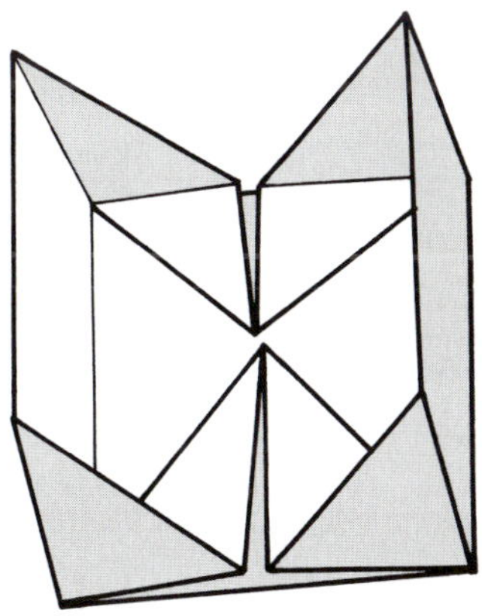

5

Häuschen mit Klappdach

Mitbringsel sind in gekauften Schachteln sicher gut aufgehoben, hübscher wird die Angelegenheit allerdings mit einem selbst hergestellten Behältnis wie dem kleinen Häuschen. Ein Dorf aus 24 solcher Häuschen bildet übrigens auch einen dekorativen Adventskalender.

Papierformat: Für Boden und Klappdach je ein Papier in der Größe 50 x 50 cm zuschneiden. Endformat: 17,5 x 15 x 9 cm.

Faltbeginn für den Boden: Die ungefärbte Seite liegt oben. Den Mittelpunkt ausmessen und markieren.

1. Die vier Ecken an den Mittelpunkt falten. Das linke Dreieck wieder nach außen falten.
2. Die Spitze des linkes Dreiecks senkrecht talfalten.
3. Die linke Kante an die rechte talfalten. Die Figur um 90 Grad drehen.
4. Mit beiden Lagen die untere Kante an die obere Kante falten und wieder entfalten.
5. Die oberen Ecken der vorderen Lage zur waagerechten Mitte falten. Die beiden unteren Ecken mit beiden Lagen falten.
6. Talfalten im senkrechten Bereich erstellen und wieder entfalten.

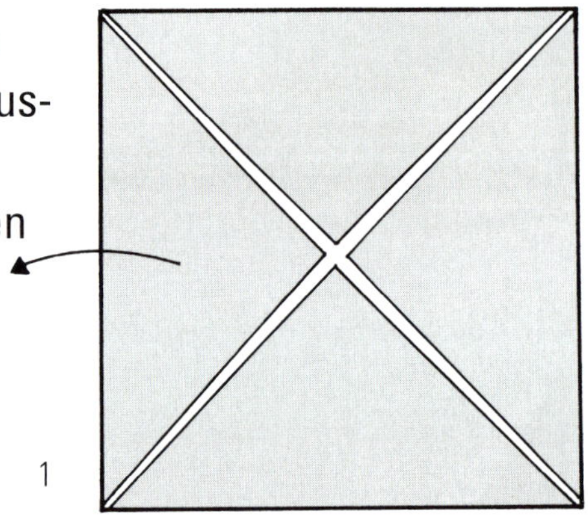

1

2

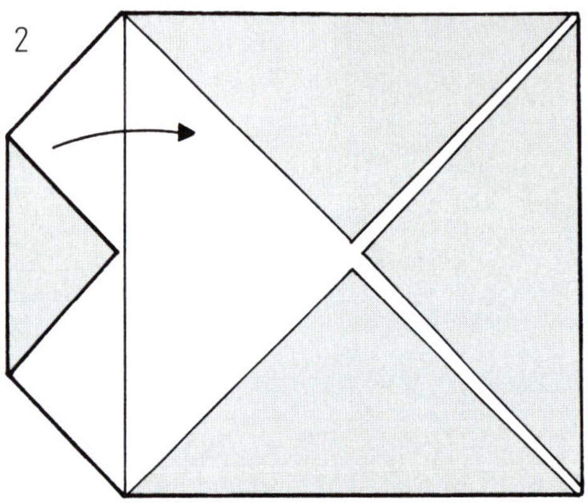

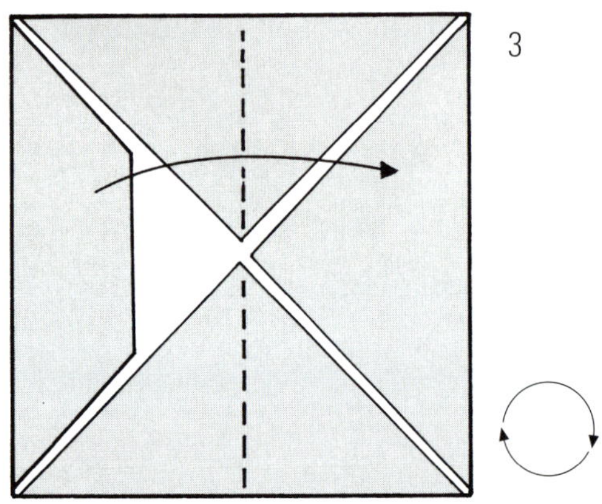

3

4

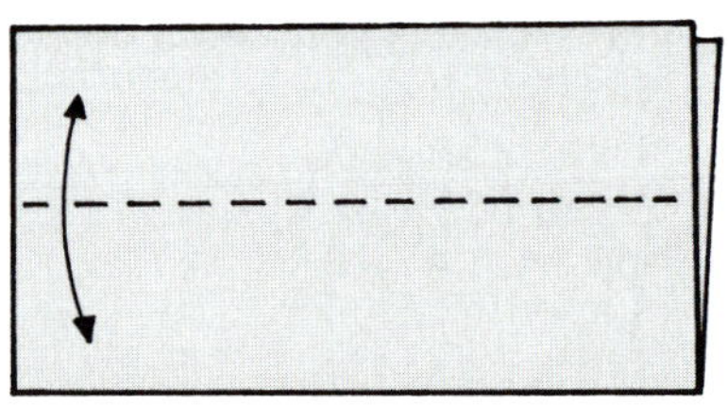

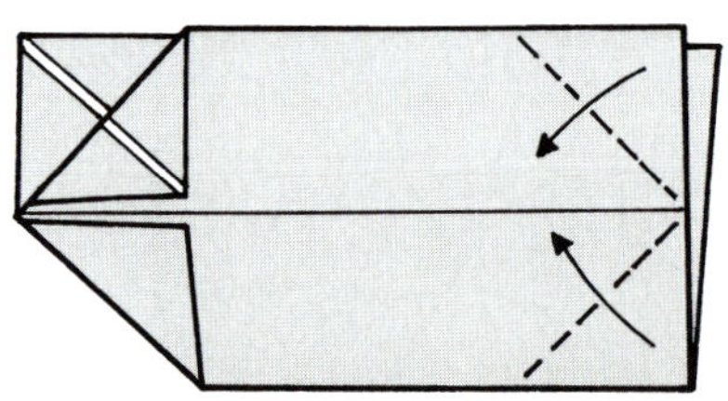

5

6

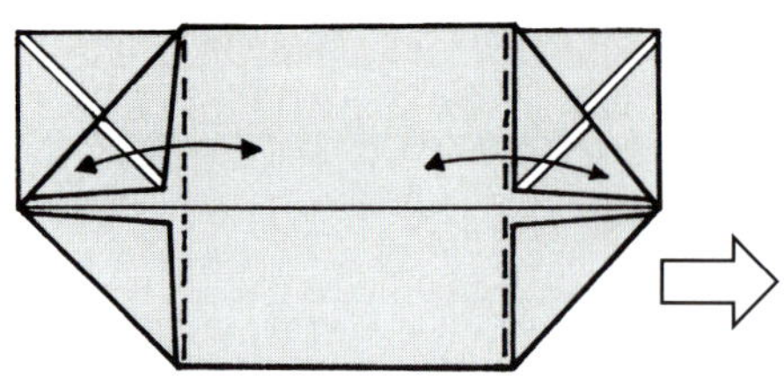

7. Die obere vordere Kante an die untere talfalten.
8. Die vordere Lage nach oben ziehen. Die waagerechten Bergfalten nach innen falten. Talfalten im oberen Bereich ausführen.
9. Der Boden sieht jetzt so aus. Die hinteren langen Spitzen gut zusammendrücken.
10. Die Spitzen in die seitlichen Taschen stecken. Das Unterteil ist fertig.

11. Im vorderen Teil ist eine Doppelseite entstanden. In dieses Fach wird später das Klappdach gesteckt.

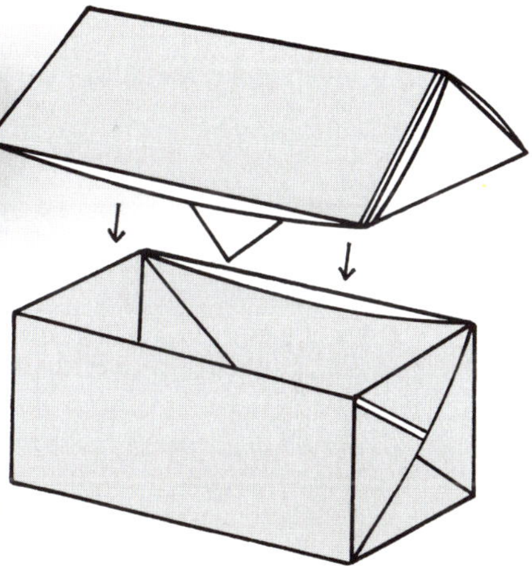

11

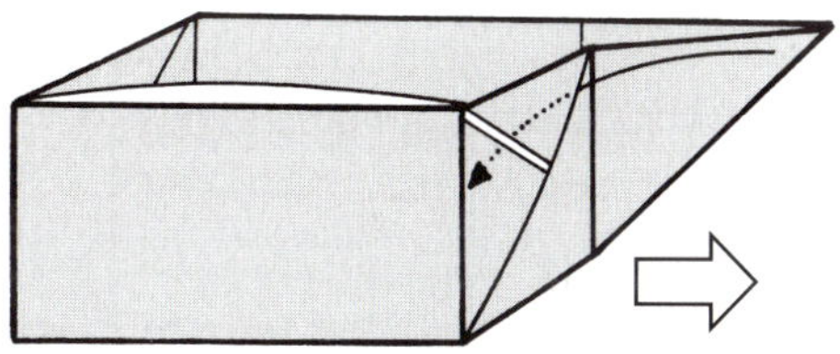

10

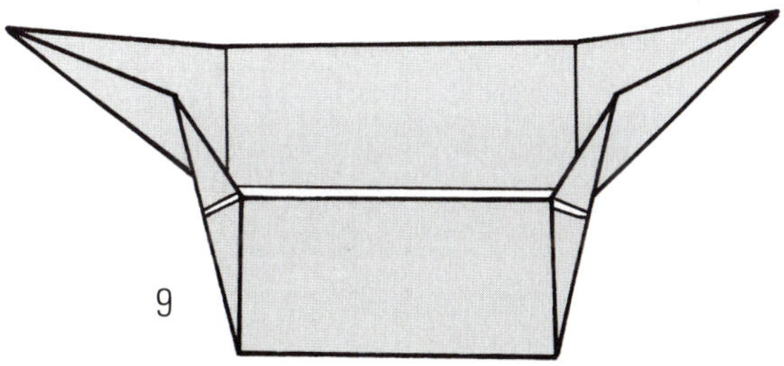

9

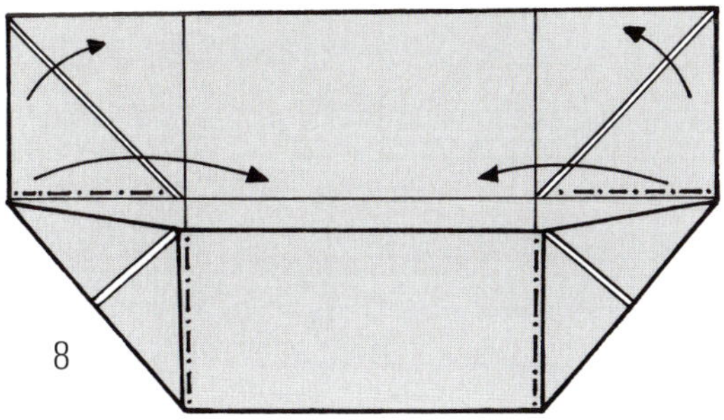

8

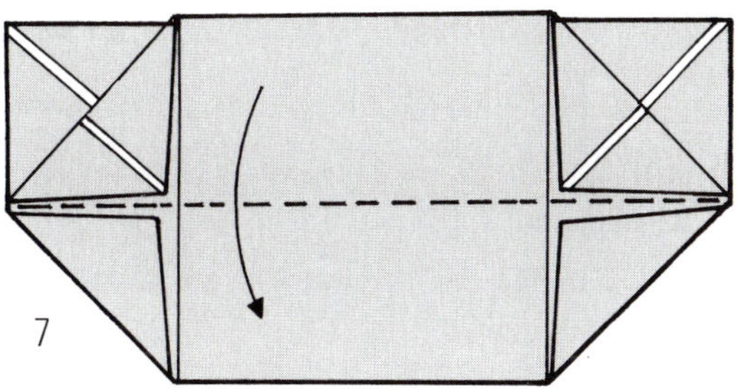

7

Faltbeginn für das Klappdach: Die gefärbte Seite liegt oben.

1. Den Mittelpunkt ausmessen und markieren. Die vier Ecken zur Mitte falten. Die linke Ecke von der Mitte an die äußere Kante falten.
2. Die übrigen Spitzen nach innen bergfalten.
3. Das linke Dreieck zur Mitte hin talfalten. Die Figur wenden.
4. Rechte und linke Kante an die Mitte talfalten.
5. Beide Seiten zur Mitte hin talfalten.
6. An den Ecken, wie angegeben, diagonale Talfalten erstellen.
7. Die jeweils obere Lage in Pfeilrichtung nach außen ziehen.
8. Die vier Ecken, wie angegeben, falten. Eine weitere senkrechte Talfalte erstellen und dabei das hinten liegende Dreieck nach außen ziehen.
9. In der Mitte eine Talfalte erstellen und wieder entfalten. Jetzt noch die Spitzen in die gegenüberliegenden Taschen stecken. Ein Dach ist entstanden.

Zum Schluss Boden und Deckel zusammen montieren. Das Dreieck des Daches in die Tasche des Bodens kleben (siehe Zeichnung 11 Seite 19). Das Häuschen mit Klappdach ist fertig!

Ein besonderes Anwendungsbeispiel: Den Boden aus stabilem Backpapier oder Waben-Alufolie falten und darin einen Kastenkuchen backen.

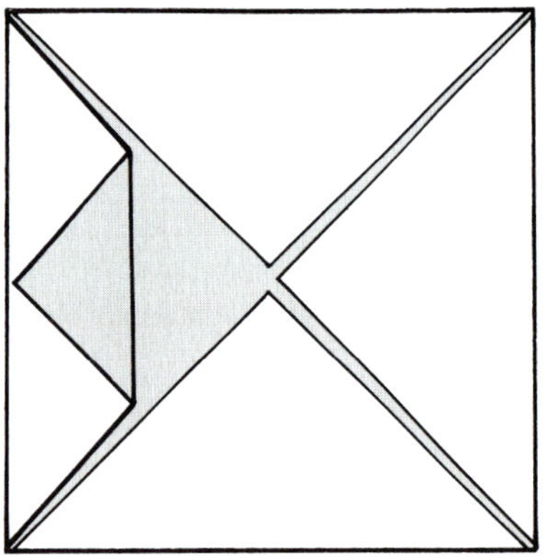
1

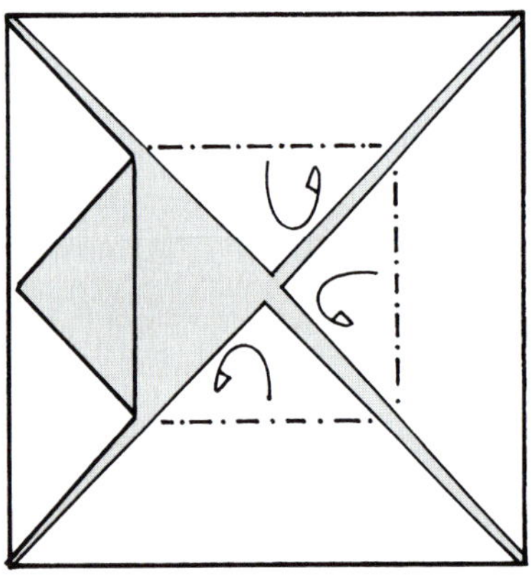
2

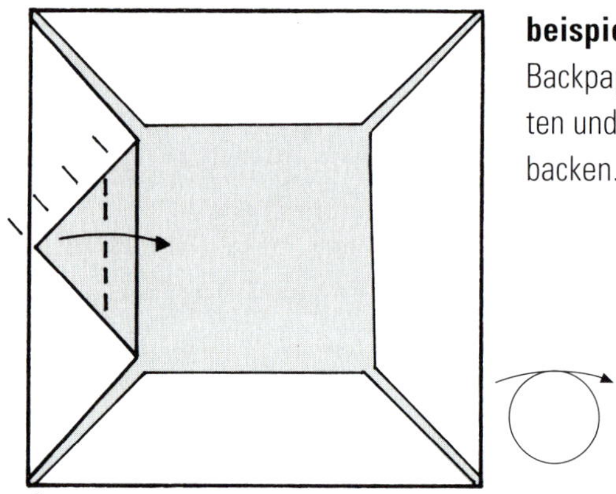
3

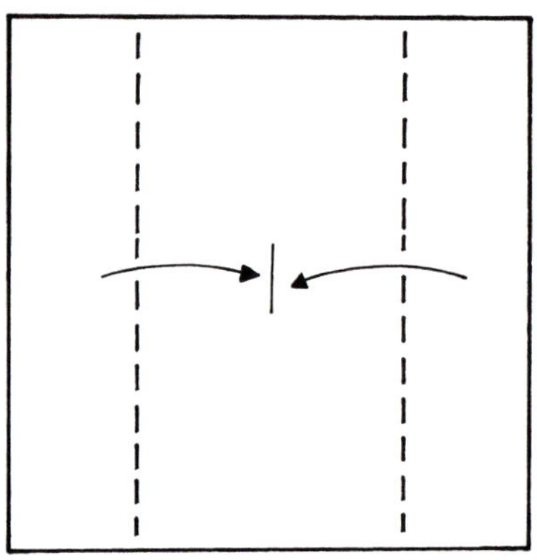
4

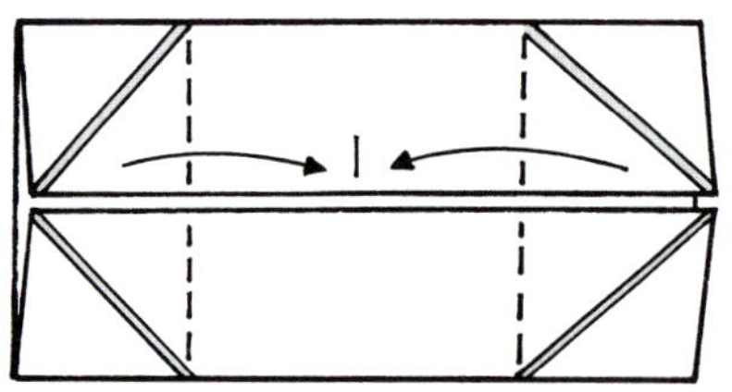
5

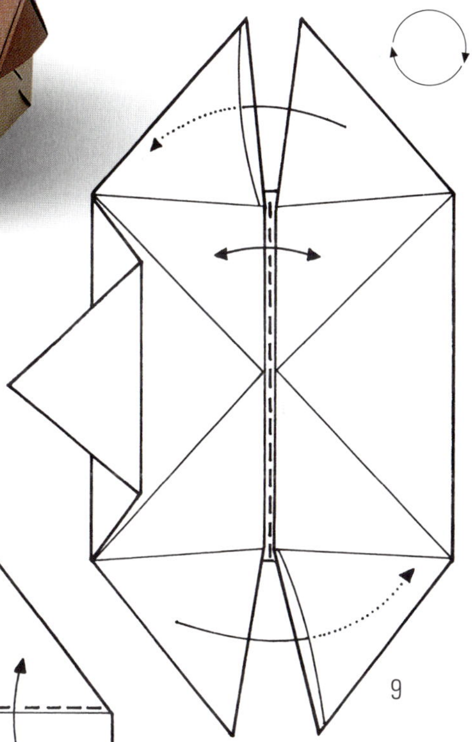

9

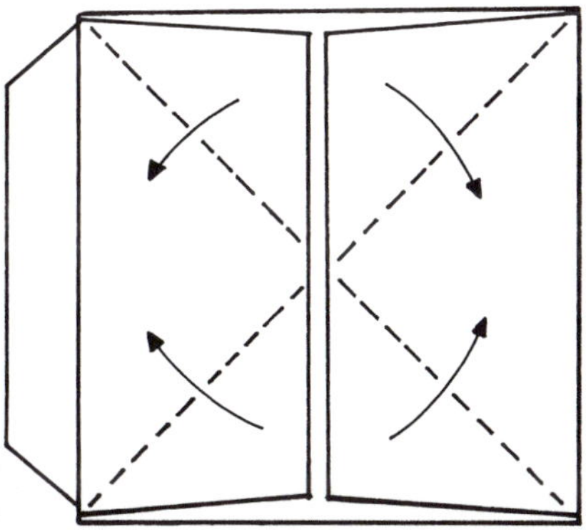

6

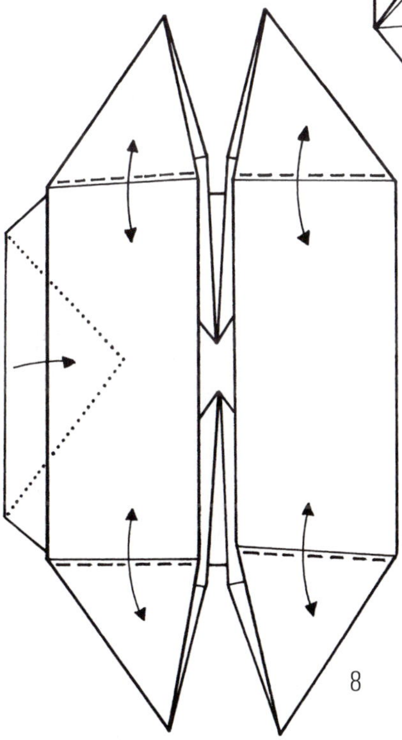

8

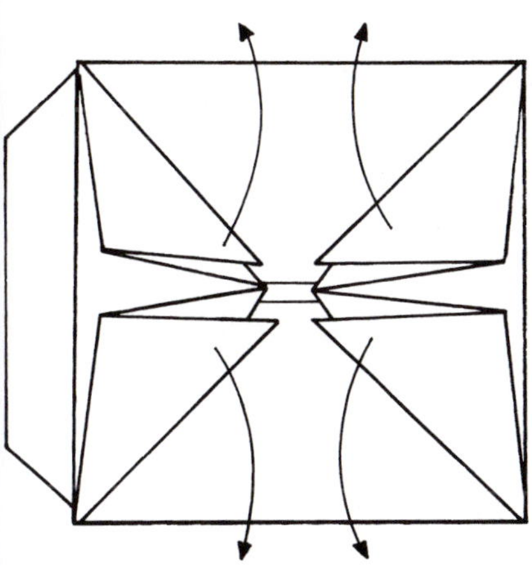

7

Tüten

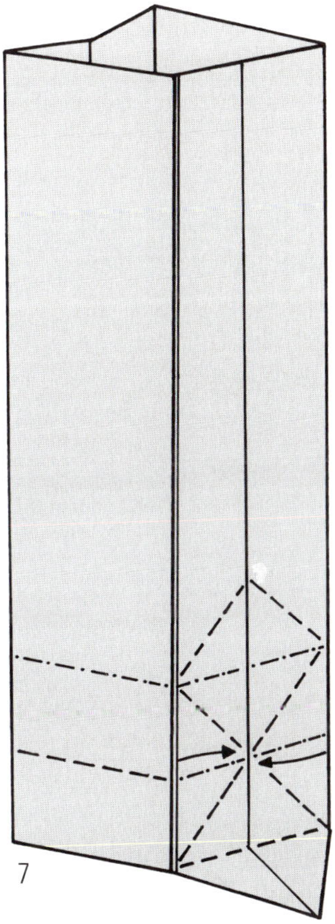
7

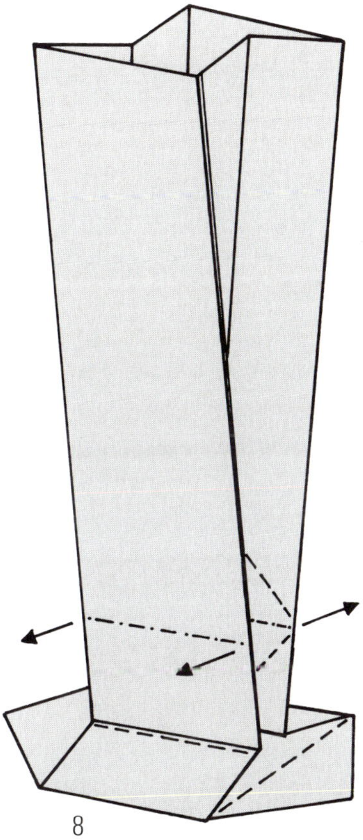
8

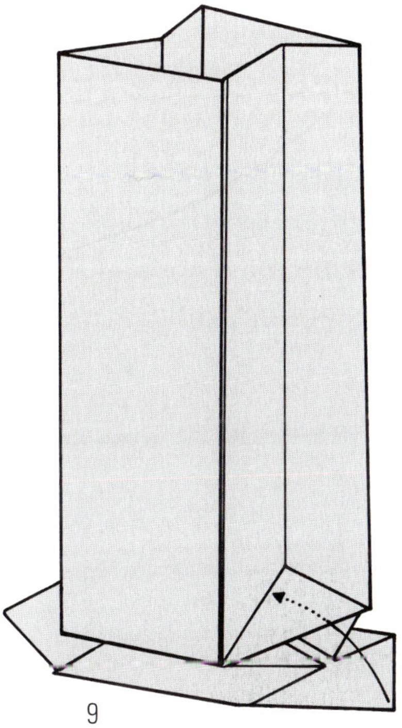
9

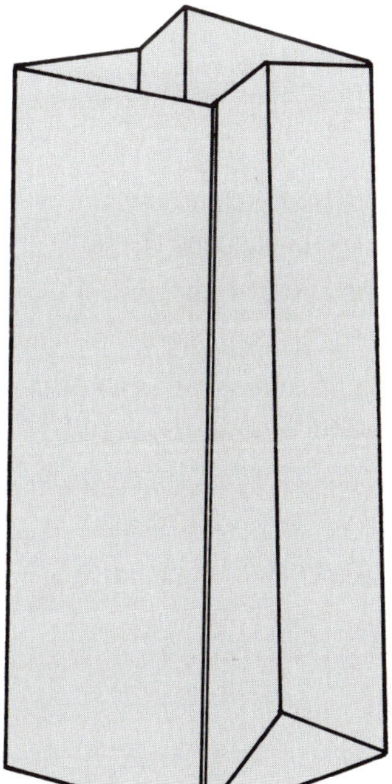
10

8. Die angegebenen Seitenflächen mit Daumen und Zeigefinger leicht zusammendrücken und in Pfeilrichtung auseinander ziehen. Die Bergfalte im ganzen unteren Bereich gut auf die Bodenfläche drücken. Am besten hineinfassen und von innen flach drücken.
9. Die beiden gegenüberliegenden Dreiecke in den gekennzeichneten Bereich der Tasche stecken. Eventuell den Innenraum ausmessen, eine stabile Pappe zuschneiden und innen auf die Bodenfläche kleben. Mit einem Locher noch zwei Löcher im oberen Bereich anbringen und mit einer Papierkordel einen Henkel herstellen.
10. Jetzt ist die Tragetasche fertig!

Hohe Dreieck-Tragetasche mit Variationen

Ein Geschenk einfach in eine Tüte stecken – wie schrecklich! Dass Tüte nicht gleich Tüte ist, zeigt dieses Beispiel. Bei dieser Tragetasche aus edlem Papier wird niemand auf die Idee kommen, sich über die Verpackung zu mokieren. Der auffällige Verschluss bringt die ganz individuelle Note.

Papierformat: 36 x 48 cm. Hier eignet sich stabileres Papier, am besten von der Rolle, oder großformatige Geschenkpapiere. Aus dem zugeschnittenen Papierstreifen lassen sich sehr viele Variationen für die verschiedensten Verpackungsbereiche herstellen. Einige Möglichkeiten sind abgebildet. Möchten Sie eine kleinere oder noch größere Verpackung herstellen, dann ändern Sie einfach das Maß entsprechend.
Endformat: 24 x 12 x 12 cm

Faltbeginn: Die ungefärbte Seite liegt oben.

1. Drei Talfalten im angegebenen Bereich ausführen und wieder entfalten.
2. Den Papierbogen senkrecht in drei gleich große Flächen teilen. Mit dem Falzbein am Lineal entlang vorfalzen. Wie dargestellt, die linke Fläche talfalten.
3. Diagonale Talfalten erstellen und wieder entfalten.
4. Jetzt die rechte Fläche nach links falten.
5. Auch hier die angegebenen diagonalen Talfalten erstellen und wieder entfalten.
6. Zeichnung und Faltbogen miteinander vergleichen. Die senkrechten und waagerechten Talfalten noch einmal falten. Die Tragetasche, wie angegeben, zusammenfalten.
7. Die Figur sieht jetzt so aus. Den oberen Teil der Figur nach unten in die vordere Tasche stecken. Je länger dieser obere Teil ist, desto höher wird die Tasche. An der vorderen Seite ist eine kleine Tasche entstanden, die für dekorative Elemente genutzt werden kann.
8. Dies hier ist nur eine Variante der Tragetasche. Andere Lösungen können Sie auf dem Foto erkennen. Werden Sie selbst kreativ und finden Sie für den Verschluss eine eigene Lösung!

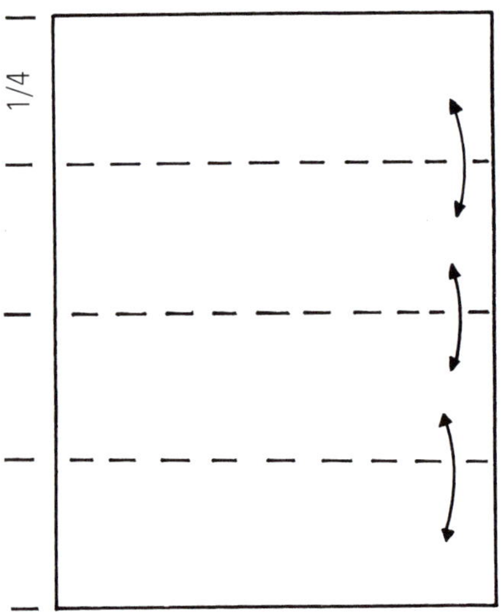

1

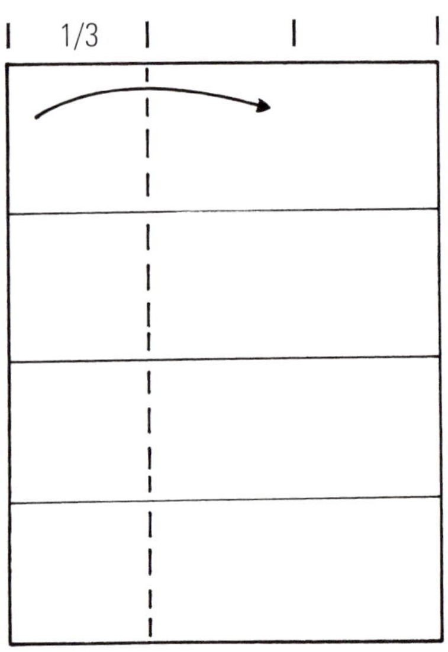

2

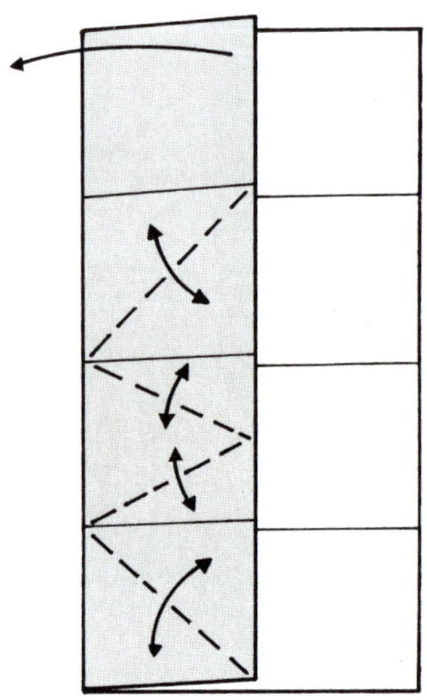

3

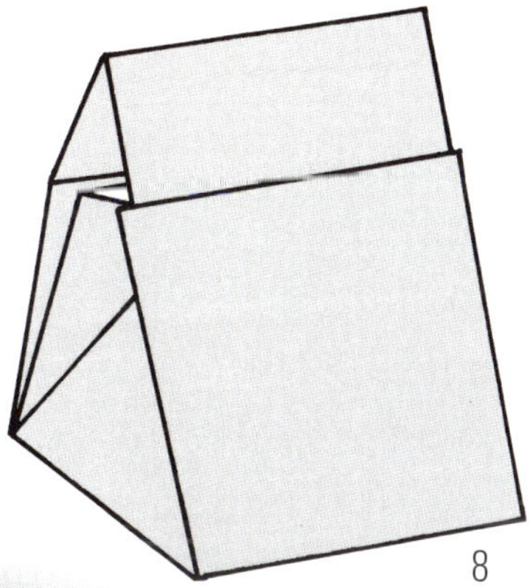

8

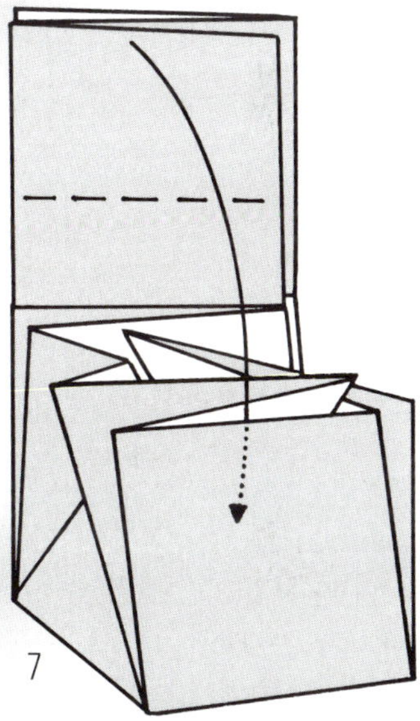

7

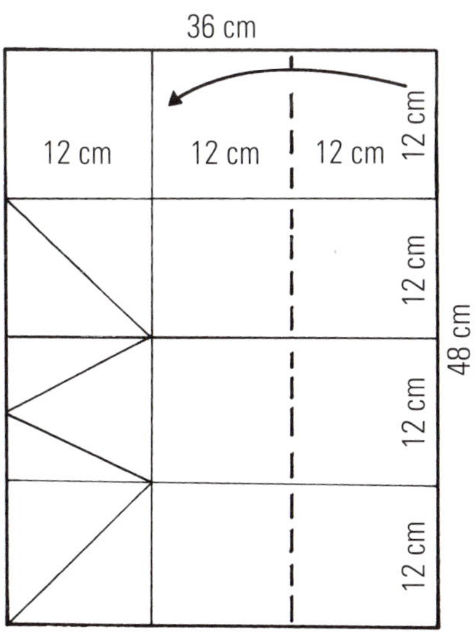

4

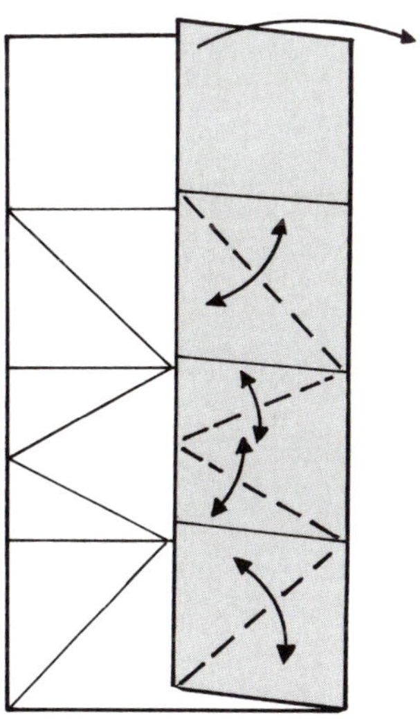

5

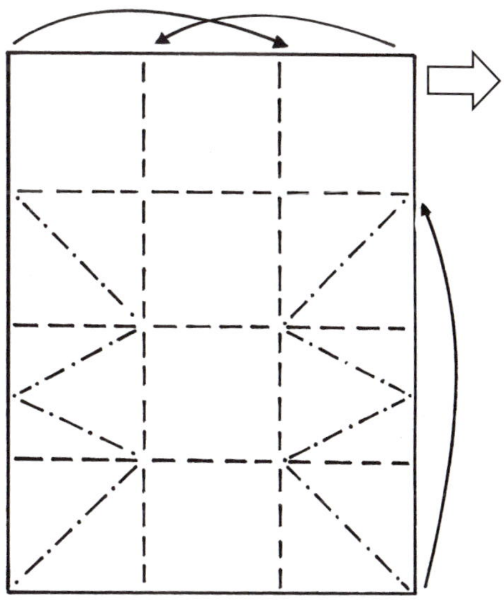

6

Lunchbox

Das Falten von Schachteln und Behältern gehört zu den großen Leidenschaften von Papierkünstlern. Diese Box ist den Lunchtüten amerikanischer Arbeiter abgeschaut. Deswegen muss jedoch noch lange kein Hamburger darin stecken!

Papierformat: Ein Format von 60 x 90 cm zuschneiden. Verwenden Sie ein festes, stabiles Papier. Bei dieser Papiergröße bekommt die Box eine Kantenlänge von 15 cm und wird 7,5 cm hoch.

Faltbeginn: Die ungefärbte Seite des Papiers liegt oben.

1. Die Zeichnung auf den Faltbogen übertragen und die Linien am Lineal entlang vorfalzen. Der Abstand zwischen den Linien beträgt 7,5 cm. Nun die Linien talfalten und wieder entfalten.

2. Jetzt die senkrechten Linien einzeichnen. Der Abstand beträgt ebenfalls 7,5 cm. Die Linien zu Berg- und Talfalten umfalten. Die beiden mit Pfeilen gekennzeichneten Talfalten nach hinten gegeneinander falten. Nun die rechte Ecke an die Mitte Punkt auf Punkt talfalten. Dies mit der linken Ecke wiederholen. Zwei offene Teile – vorne und hinten – liegen nun über dem geschlossenen Mittelteil.

3. Die waagerechten Falten ausmessen, vorfalzen und mit allen Lagen Berg- und Talfalten erstellen und wieder entfalten. Die angegebenen Diagonalen aber nur mit der oberen Lage talfalten und wieder entfalten.

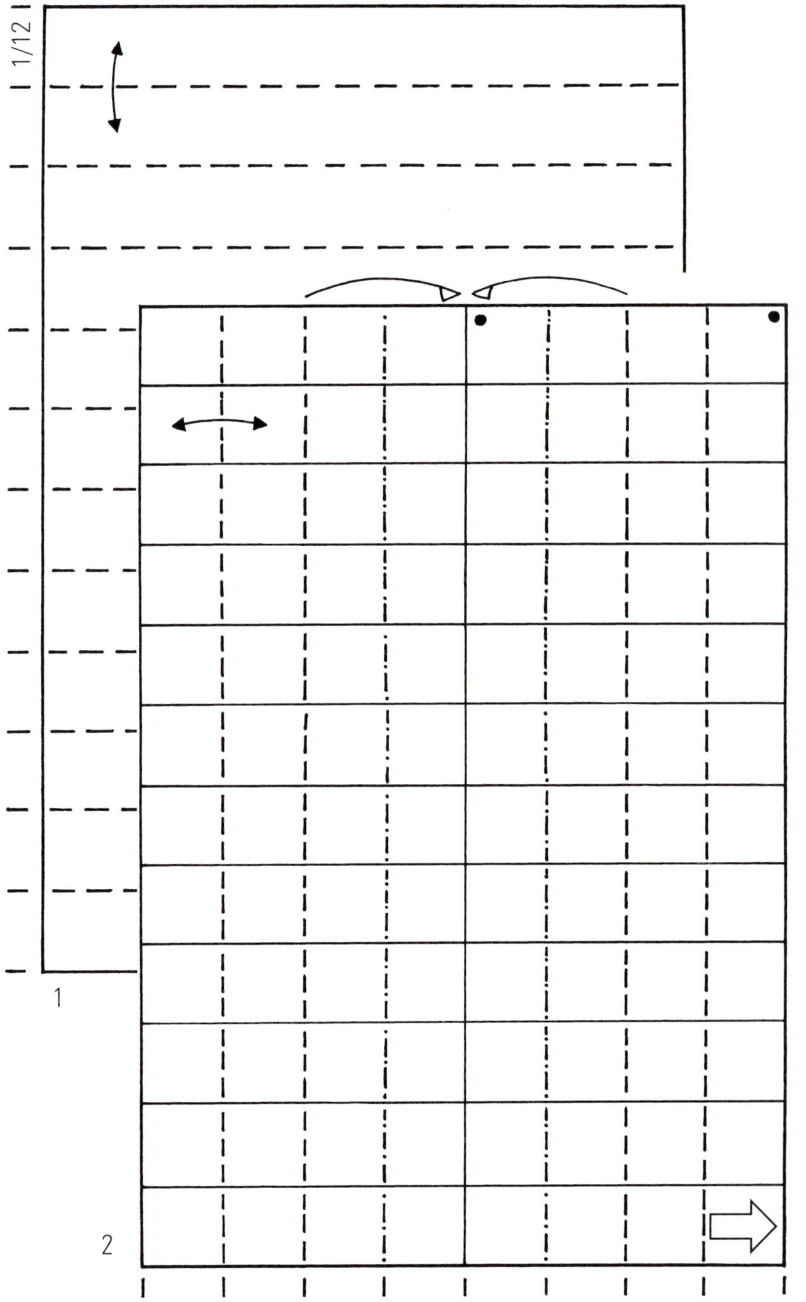

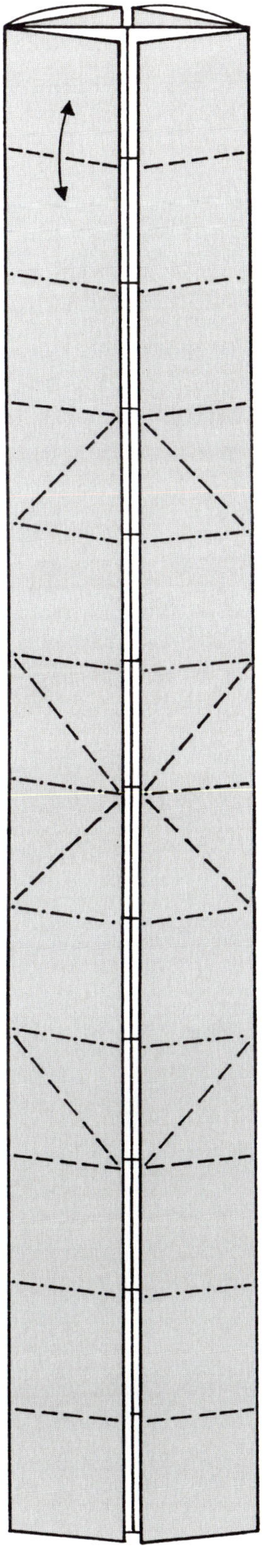
3

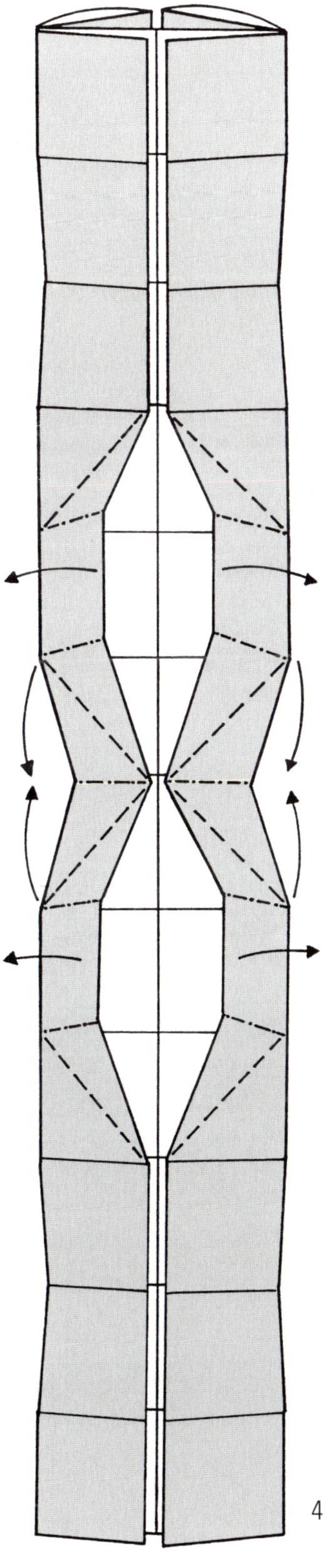
4

4. Die mittleren Bergfalten nach oben zusammenpressen. In Pfeilrichtung nun die vier Seitenflächen rechtwinklig nach oben drücken. Dabei den unteren Teil nach oben zusammenbringen und vorerst mit einer Büroklammer befestigen. Es sind zwei zusammenhängende Boxen entstanden. Die Bodenfalten noch einmal mit Daumen und Zeigefinger fest zusammendrücken.

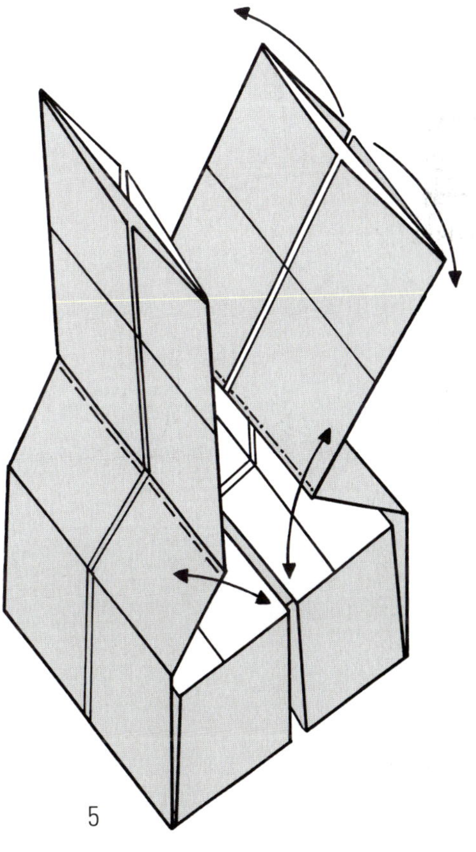
5

5. Berg- und Talfalten, wie angegeben, ausführen und wieder entfalten. Nun noch im oberen Bereich die beiden Seitenflächen nach außen biegen.

6. Eine Talfalte, wie angegeben, nach unten falten und wieder nach hinten zusammenfalten. Es ist eine Tasche entstanden.

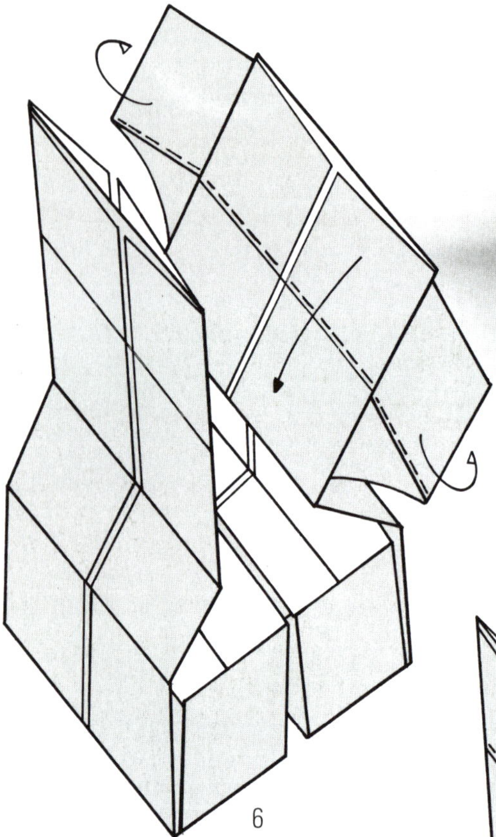

6

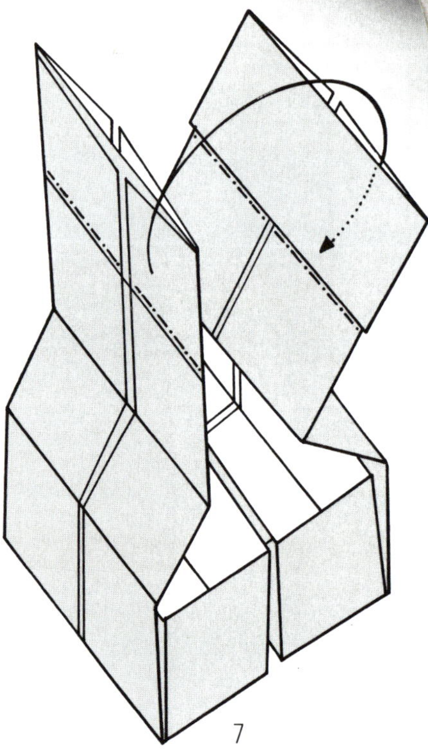

7

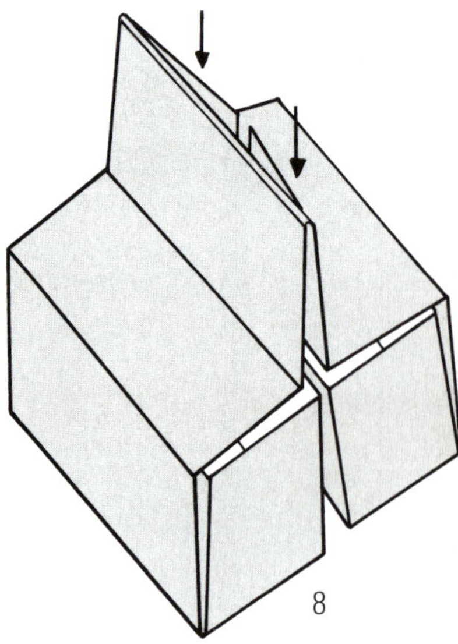

8

7. Die Tasche der linken Fläche in die rechte Tasche stecken.
8. Die hinteren kleinen Quadrate durch eine diagonale Bergfalte nach innen falten. Unsere Lunchbox ist zum Füllen bereit. Zur Stabilisierung das Mittelteil und die vier Dreiecke im Innenbereich zusammenkleben.

Torten und Gebäck

Tortenstück mit Variationen

Echte Tortenstücke sind für diese wirkungsvolle Schachtel zwar weniger geeignet, für Naschkatzen gibt es aber jede Menge Alternativen. Wer es nicht so süß mag, wie wäre es mit einem edlen Käse?

Papierformat: Ein Papier in der Größe 23 x 23 cm zuschneiden. Daraus ein Sechseck falten und zuschneiden. Es ist empfehlenswert sich eine Schablone zuzuschneiden, um nicht so viel Papier zu vergeuden. Dieses Maß ergibt ein Tortenstückchen. Alle Variationen gehen von einem Sechseck aus, aber manchmal sind andere Größen notwendig. Schablonen sind also angesagt!
Endformat: 3 x 10,5 x 10,5 cm

Faltbeginn: Die ungefärbte Seite des Papiers liegt oben.
1. Für ein Tortenstück wird ein Sechseck (Durchmesser 24 cm) zugeschnitten.
2. Drei Ecken an den Mittelpunkt, wie angegeben, talfalten.
3. Nun die äußeren Kanten an den Mittelpunkt talfalten und wieder entfalten.
4. Die angegebenen Talfalten erstellen. Dazu das Dreieck in der Hälfte einer Kantenlänge mit allen Lagen falten und wieder entfalten.
5. Das linke Dreieck nach außen klappen.
6. Die angegebenen Berg- und Talfalten ausführen. Die obere Spitze nach innen falten.
7. So sieht die Figur jetzt aus. Die obere Ecke durch Berg- und Talfalten über das vorher nach innen gefaltete Dreieck bewegen. Die beiden unteren großen Dreiecke nach außen entfalten.
8. Nun die Berg- und Talfalten der Figur 6 an rechter und linker Ecke, wie angegeben, erstellen. Die seitlichen Spitzen nach innen falten.
9. Berg- und Talfalten, wie angegeben, über die beiden Dreiecke hinweg erstellen. Das Tortenunterstück ist fertig!

1

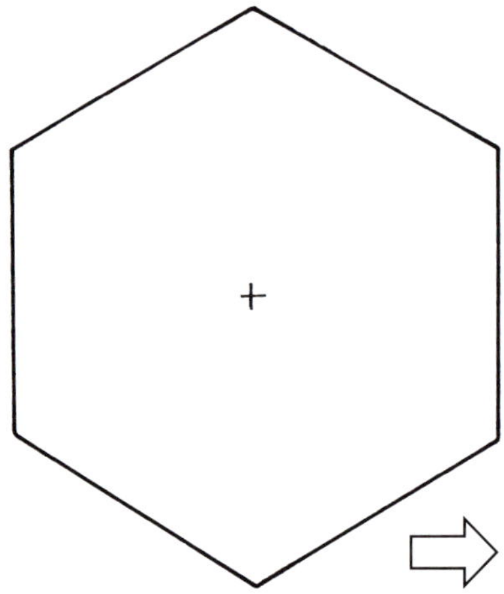

2

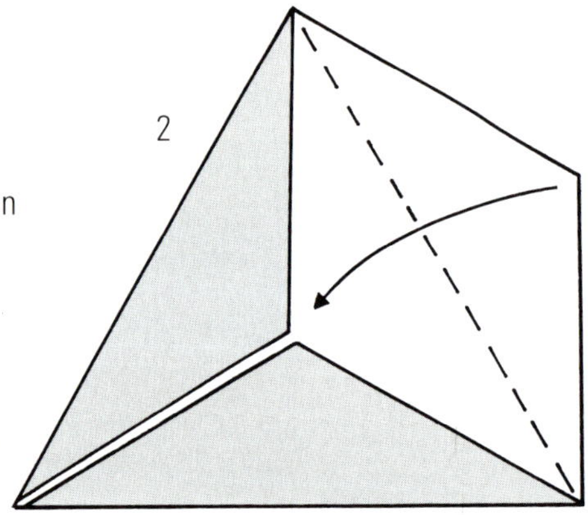

4

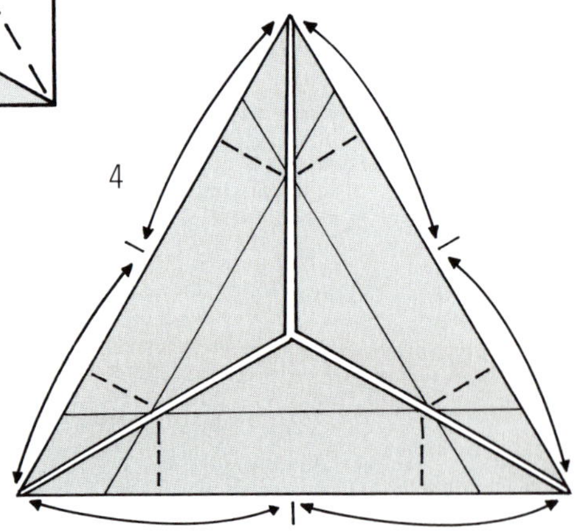

3

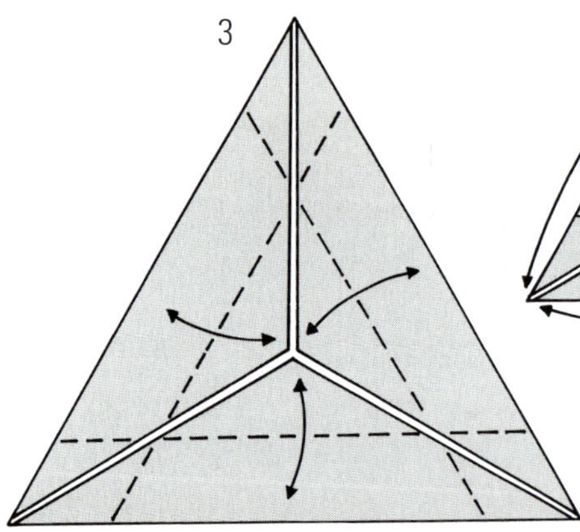

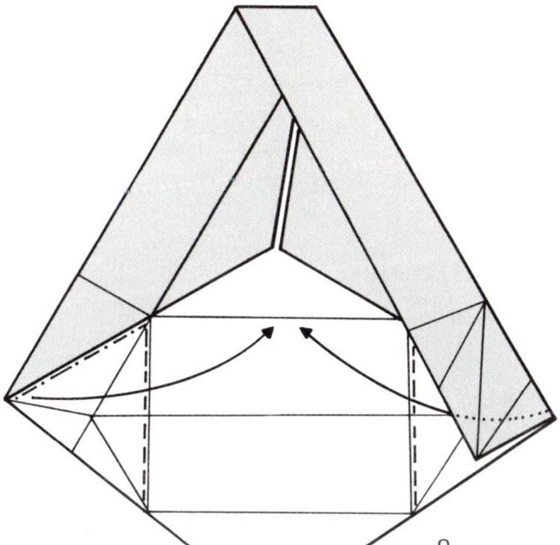

8

9

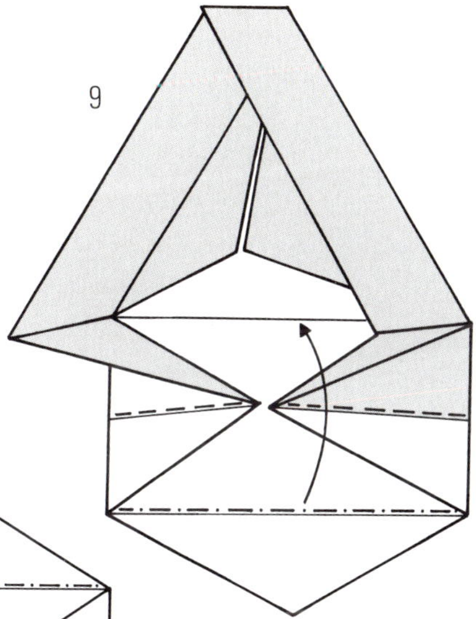

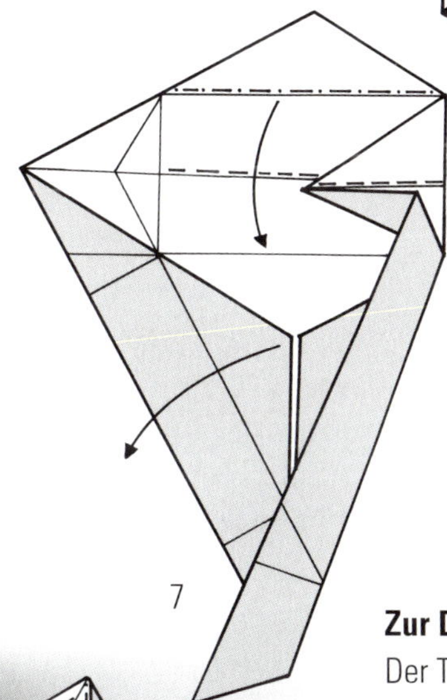

7

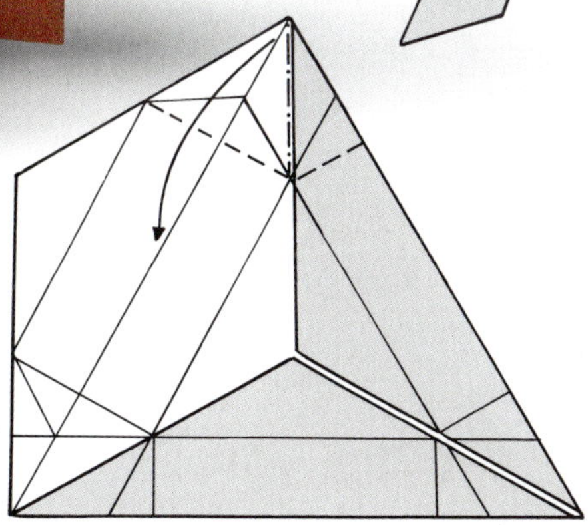

6

5

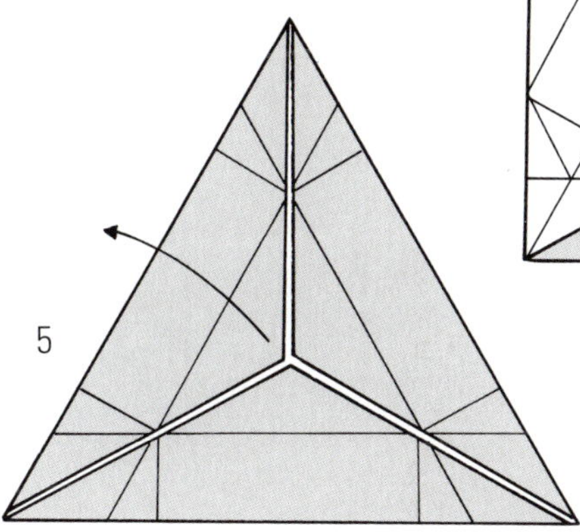

Zur Dekoration der Torte:
Der Tortenträger (siehe Abb. S. 31)
Material: Ein Papprohr mit einer Höhe von 11 cm aus stabilem Karton wird benötigt.
Anleitung: Aus dicker Pappe zwei Kreise, einen mit 22 cm Durchmesser für die Tortenauflage und einen mit 12 cm Durchmesser für den Fuß ausschneiden. Die drei Teile zusammenkleben und alles mit Geschenkpapier überkleben. Rundherum noch einen Rand ankleben und der Träger ist fertig. Die Sahnehäubchen dazu werden gesondert gefaltet, die Anleitung finden Sie beim Schokokuchen (siehe Seite 35 f.).

Konfiserie-Schachtel mit Variationen

10. Die Kantenlänge ausmessen und eine Papierschlaufe in der entsprechenden Länge und Breite herstellen und in das Stück hineinkleben.
Für den Deckel des Tortenstückchens noch einmal diese Figur anfertigen und auf die Schlaufe stecken.

Für eine komplette Torte benötigen Sie sechs Teile.

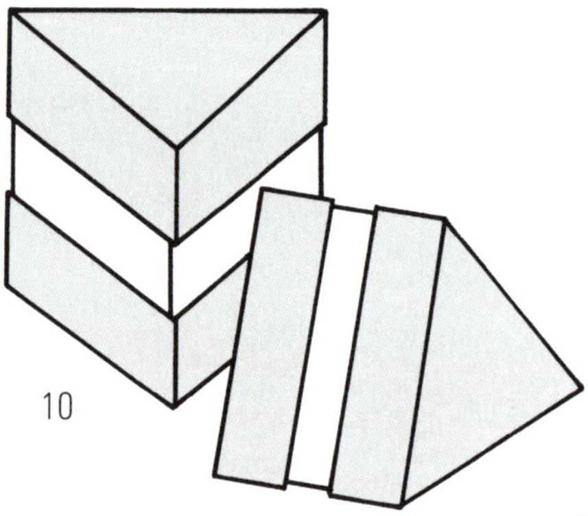

10

Variationen:

11. Konfiserie-Schachtel mit Variationen: Das Tortenstück kann auch zur Deckelschachtel werden. Dafür ein größeres Sechseck zuschneiden und daraus zwei dreieckige Schachteln falten. In einen Teil eine Papierschlaufe kleben und die beiden Schachteln aufeinander stecken.
Endformat: 5 x 15 x 15 cm

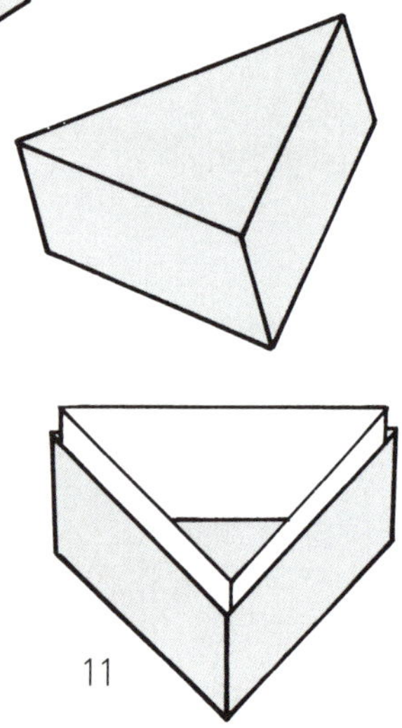

11

12. Es kann auch eine hohe Schachtel daraus entstehen, die sich als Verpackung für Flaschen und andere hohe Gegenstände eignet.
Dazu wieder zwei dreieckige Schachteln falten, eine sehr breite Papierschlaufe anfertigen und in den unteren Teil kleben.

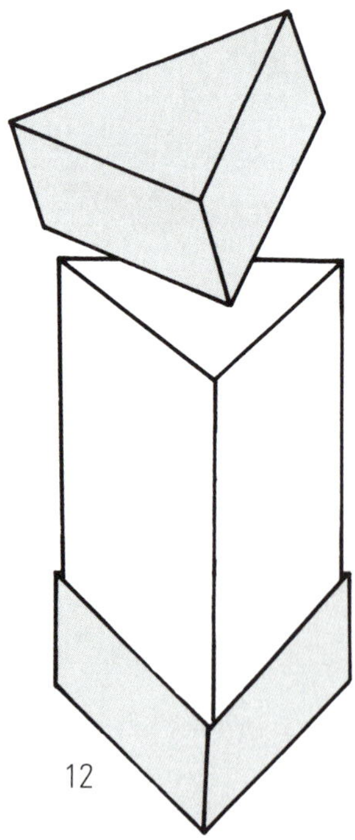

12

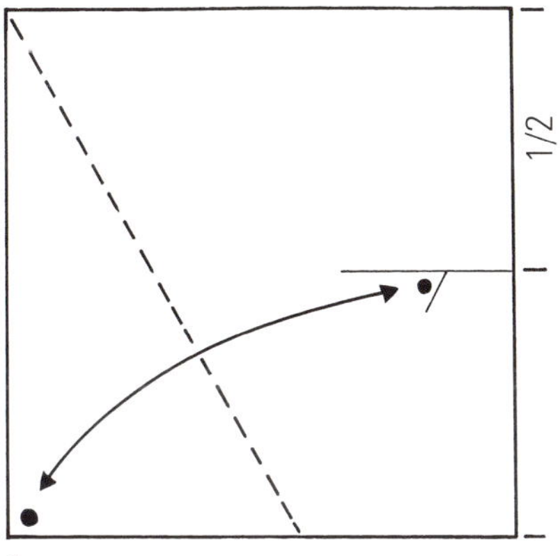

1

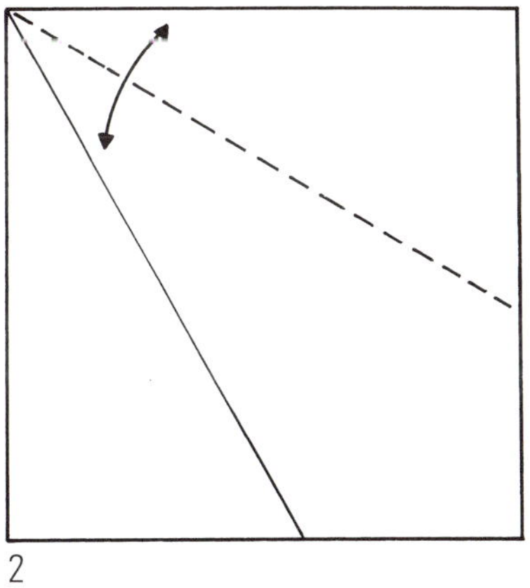

2

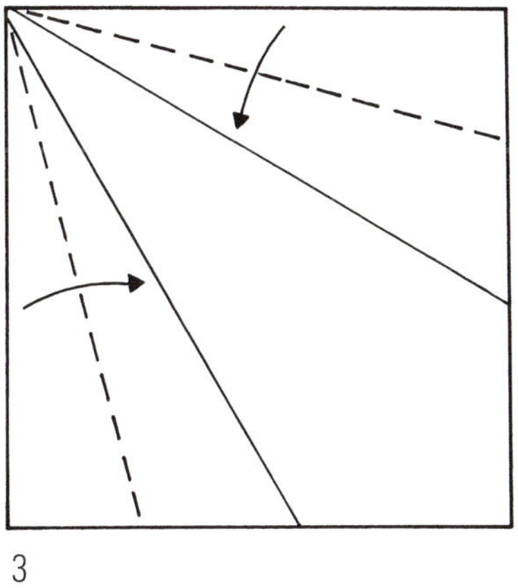

3

Mehrere Schokokuchenstücke bilden einen dekorativen Kuchen, in dem man viele Kleinigkeiten verstecken kann. Kinder werden mit diesen Schachteln begeistert Bäckerei spielen. Cremeeinlage und Sahnetupfer machen den Schokokuchen noch viel realistischer.

Papiergröße: Für den Boden und den Deckel zwei Papiere in der Größe 14,5 x 14,5 cm zuschneiden. Für die Torte: Einen Streifen in der Größe 16 x 44 cm zuschneiden. Für die Cremeeinlage: Einen einfarbigen Streifen in der Größe 7,5 x 44 cm zuschneiden.

Für die Sahnetupfer: Ein Quadrat in der Größe von 11 x 11 cm zuschneiden.
Endformat Schokokuchen: 16,5 x 8 x 8 cm
Endformat Sahnetupfer: 4 x 2,5 x 2,5 cm

Faltbeginn: Die ungefärbte Seite des Papiers liegt bei allen Teilen oben.

1. Mit einem Winkel die halbierte rechte Kante markieren. Eine Talfalte durch Punkt-auf-Punkt-Faltung erstellen und wieder entfalten.
2. Die rechte obere Spitze an die soeben gefundene Falte drücken und wieder entfalten.
3. Erneut die angegebenen Seiten talfalten.

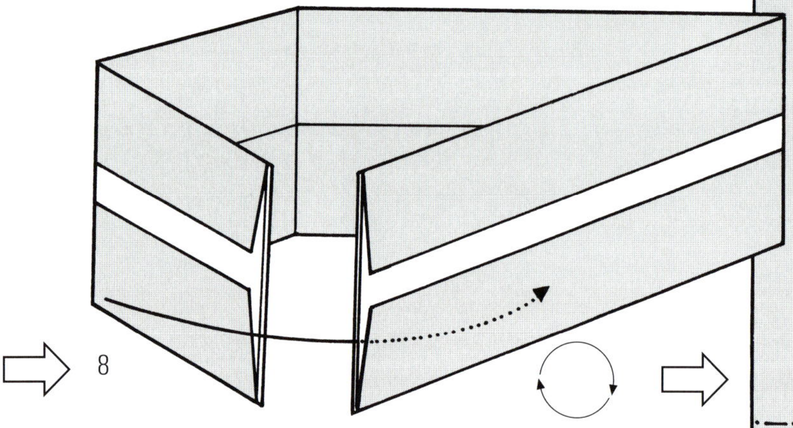

8

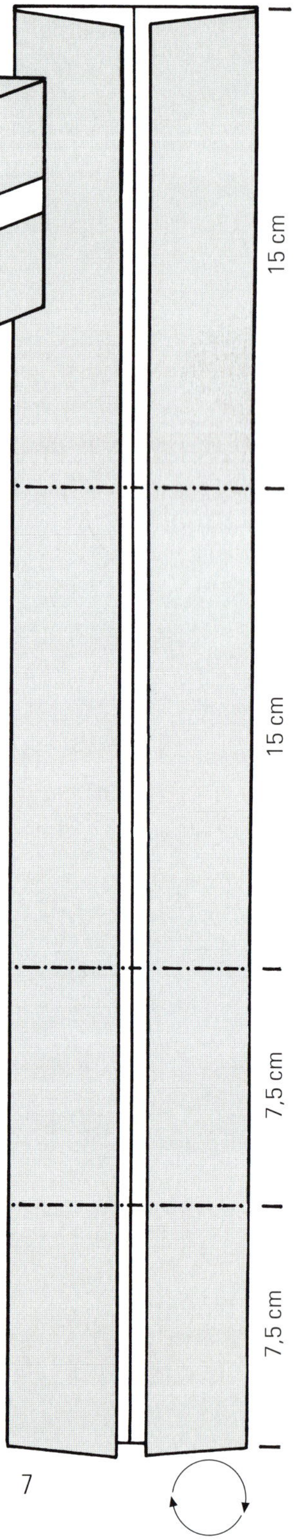

7

4. Zwei diagonale Talfalten an den Enden der langen Dreiecke erstellen. Noch eine Talfalte, wie angegeben, ausführen.
5. Die beiden äußeren Kanten in die Mitte talfalten.
6. Beide Flächen wieder im rechten Winkel nach oben bringen.
Die Arbeitsschritte 1–6 noch einmal ausführen, da dieses Teil für Boden und Deckel benötigt wird.
7. Den langen Streifen querformatig mit der oberen Kante an die untere Kante talfalten und wieder entfalten. Nun beide Kanten so Richtung Mitte falten, dass ein Abstand von ca. 1 cm entsteht. Den vorbereiteten Streifen jetzt in die lange Tasche schieben. Berg- und Talfalten, wie angegeben, erstellen.
8. Jetzt die kurze Fläche in die lange Fläche stecken, aber hinter den eingeschobenen Streifen.
9. Nun noch die Sahnetupfer falten. Nehmen Sie dafür eine Farbe, die zu dem Farbstreifen für die Tortenfüllung passt, am besten ein doppel-

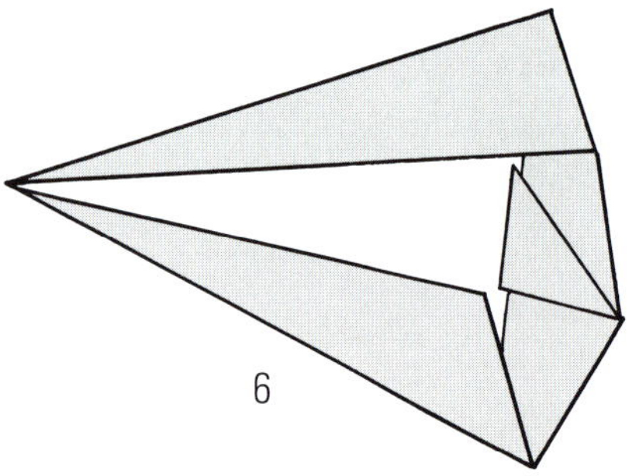

6

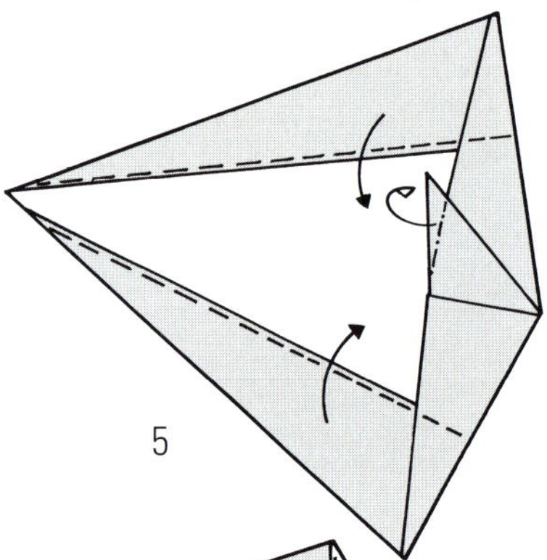

5

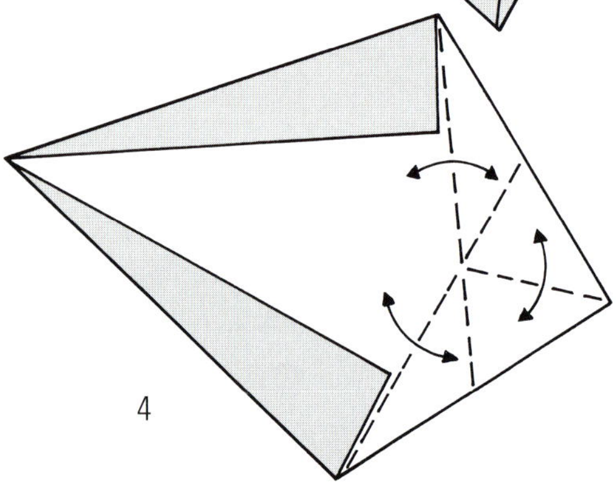

4

seitig gefärbtes Papier. Das Quadrat (11 x 11 cm), wie angegeben, mit Berg- und Talfalten versehen. Die Figur von rechts und links zusammenschieben, bis sich die Talfalten treffen. Dabei hebt sich der Mittelpunkt und das zusammengeschobene Dreieck ist bereits zu erkennen.

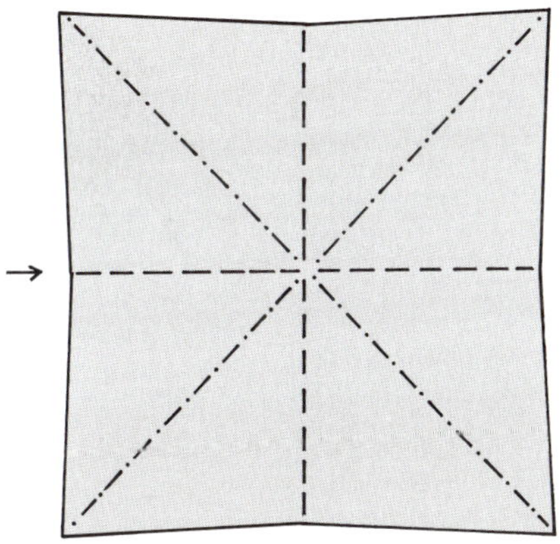

9

10. Die obere Spitze bis zur Hälfte talfalten und wieder entfalten. Jetzt die vier unteren Spitzen leicht auseinander ziehen und die obere Spitze versenken.

11. Die beiden vorderen unteren Spitzen nach oben an die senkrechte Mitte talfalten. Mit den hinteren Spitzen genauso verfahren.

12. Talfalten, wie angegeben, leicht schräg sowohl auf der vorderen als auch auf der hinteren Seite erstellen.

13. Die vorderen oberen Spitzen in die darunter liegenden Taschen stecken, ebenso hinten verfahren.

14. Jetzt den Boden in vier Richtungen auseinander ziehen, die obere Spitze leicht eindrücken. Fertig ist der Sahnetupfer.

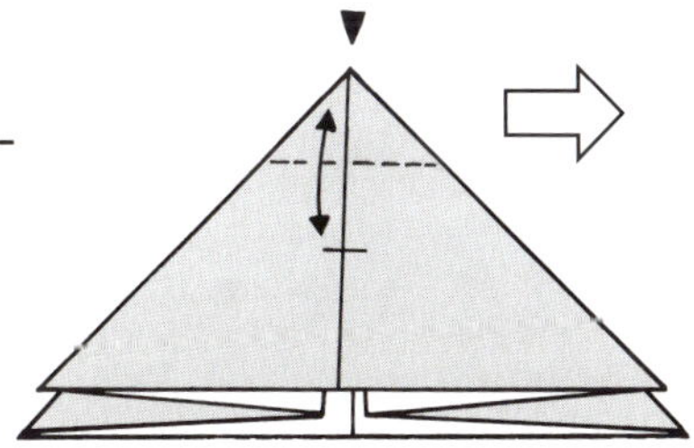

10

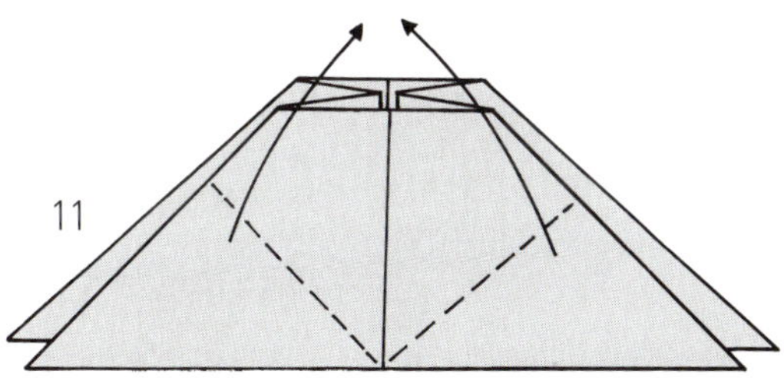

11

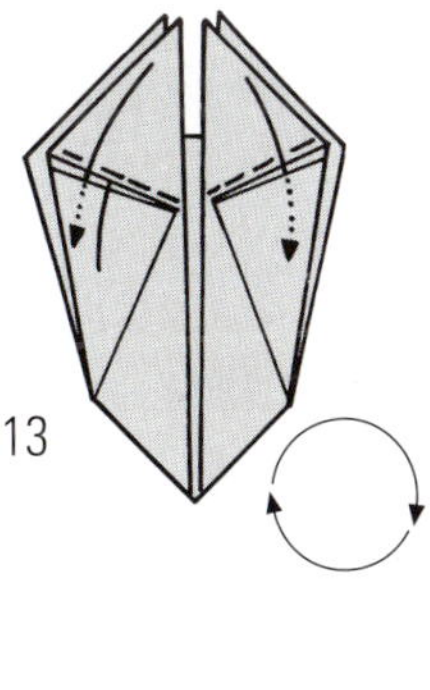

13

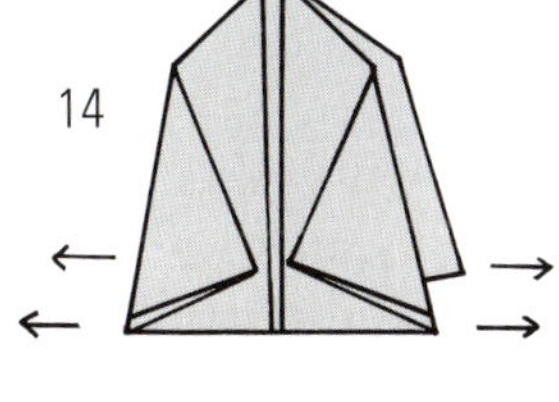

14

15. Ein Teil als Boden verwenden, in den Tortenbereich stecken und die langen Dreiecke festkleben. Das zweite Teil als abnehmbaren Deckel benutzen.

Wenn Sie mehrere Kuchenstücke falten und sie dekorativ präsentieren wollen, dann bauen Sie sich doch einen Tortenträger. Die Anleitung dazu finden Sie beim Tortenstück (siehe Seite 33). Achtung: Beim Schokokuchen muss die Platte einen Durchmesser von 32 cm und der Fuß einen Durchmesser von 16 cm haben. Für das Mittelstück benötigen Sie deshalb eine Pappröhre mit 4 cm Durchmesser. Überziehen Sie die Teile mit einem zum Kuchen passendem Papier.

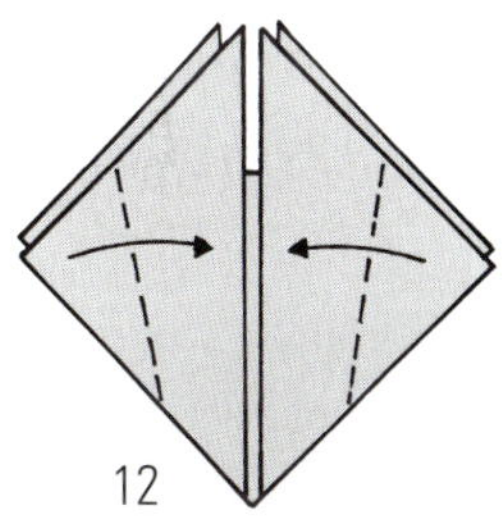

12

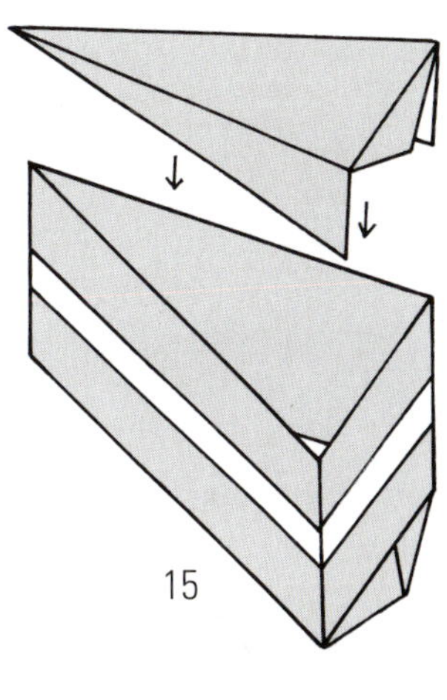

15

Kanten und Ecken

Wie eine Zitronenscheibe fügen sich zwei Schachtelteile zusammen. Befestigt man an den beiden Seiten eine Kordel oder ein festes Band, so kann man die Zitrusscheibe sogar als witzige Tasche verwenden.

Papierformat: Aus Geschenkpapier zwei Teile in der Größe 26 x 35 cm zuschneiden. Dies ergibt eine Schachtelgröße von 23 cm Durchmesser und 4 cm Höhe.

Faltbeginn: Die ungefärbte Seite des Papiers liegt oben. Die Zeichnung mit Lineal und Winkel auf die Bogen übertragen. Mit einem Falzbein die aufgezeichneten Linien nachziehen.

1. Die vorgefalzten Linien talfalten und wieder entfalten.
2. Erneut Tal- und Bergfalten, wie angegeben, erstellen. Jetzt den Bogen wenden.

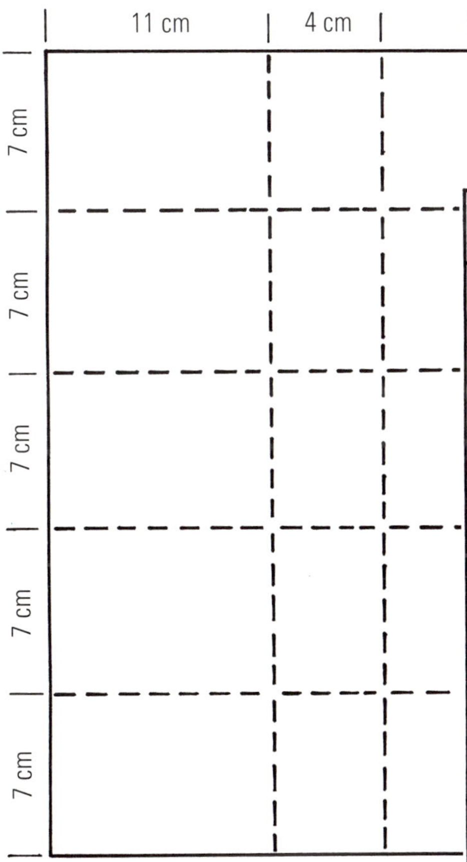

1

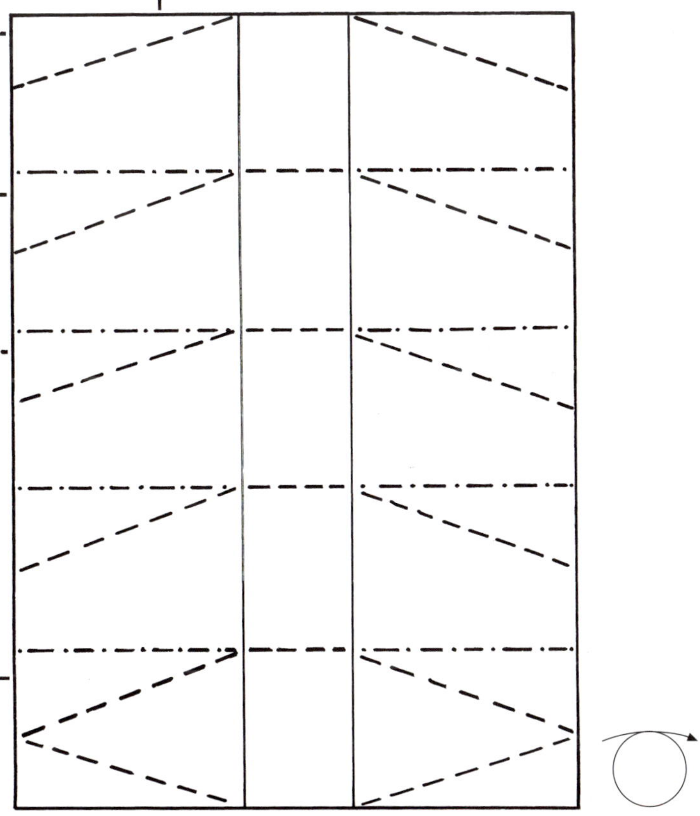
2

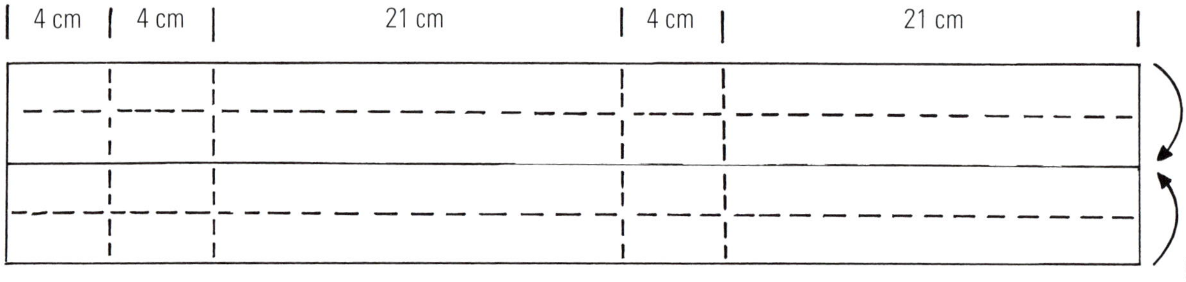

6

3. Im oberen und unteren Bereich gleichzeitig die Bergfalten über die Talfalten bringen. Die Fläche wird dadurch plastisch.
4. Berg- und Talfalten, wie angegeben, zu fünf langen Dreiecken formen und diese im Innenbereich fixieren. Jetzt die Verpackung drehen.
5. Die Verpackung sieht jetzt so aus. Ein zweites Teil in gleicher Weise herstellen.

6. Einen Papierstreifen nach Maßangabe zuschneiden und, wie angegeben, talfalten. Jetzt die Außenkanten an die Mitte bringen. Beide Enden ineinander stecken. Es entsteht eine eckige Schlaufe.

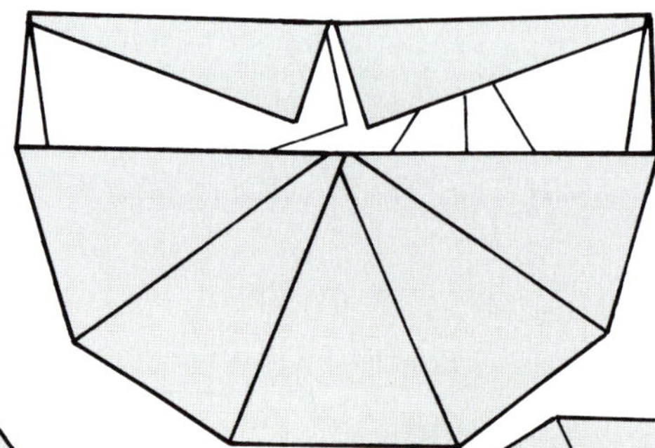

5

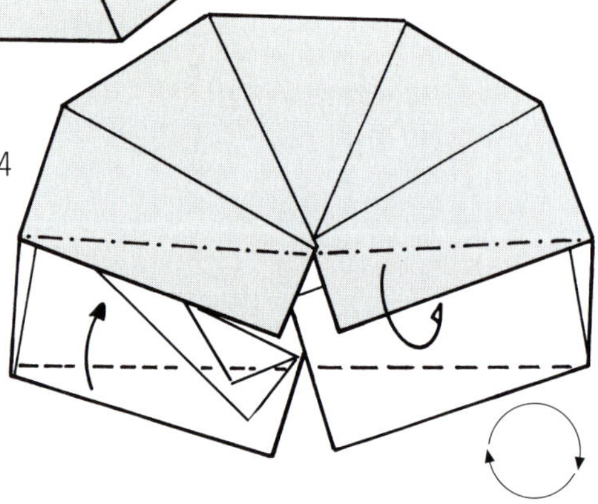

4

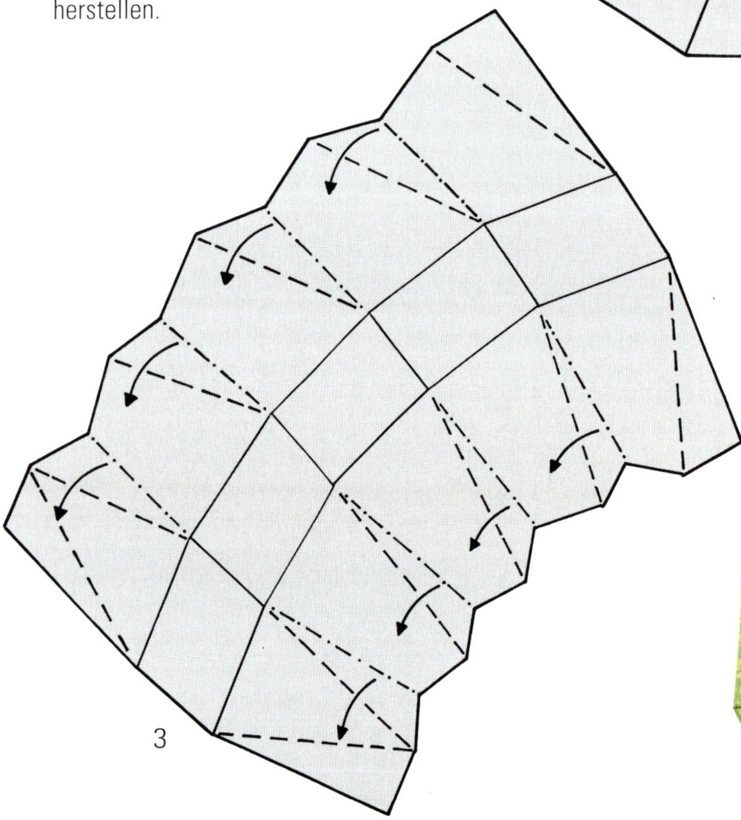

3

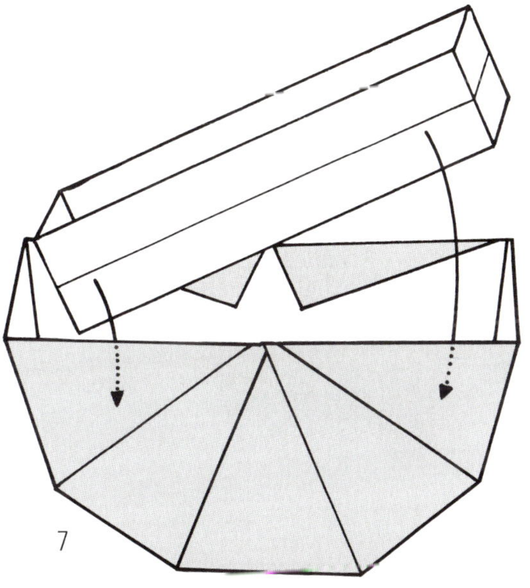

7

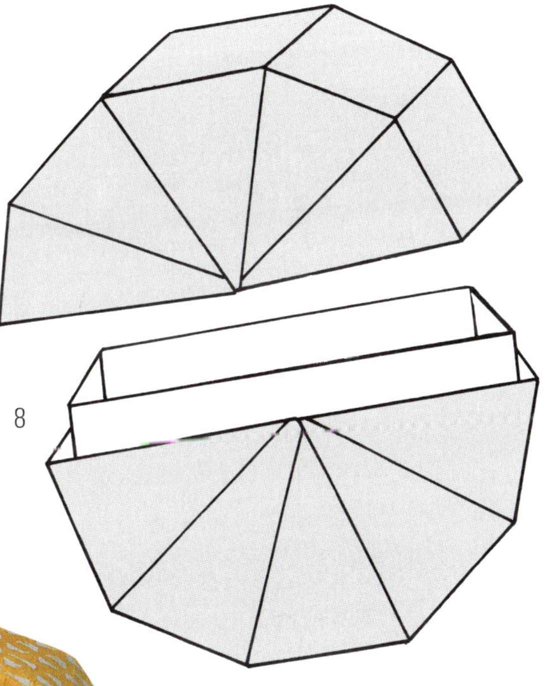

8

7. Diese Schlaufe in den Innenbereich einer Figur stecken und festkleben.
8. Deckel und Boden zusammenstecken. Die Zitronenscheibe ist fertig und zum Füllen bereit.

Pyramiden-Schachtel

Selbst kleine Mitbringsel kommen in dieser Pyramiden-Schachtel ganz groß raus. Der Behälter ist so stabil, dass er auch zum Aufbewahren von Kleinigkeiten verwendet werden kann.

Papiergröße: Drei Quadrate in der Größe 19 x 19 cm zuschneiden. Dieser Deckel passt exakt auf die Dreieck-Schachtel im Tortenbereich Seite 33. Man benötigt hierfür ein Sechseck mit einem diagonalen Durchmesser von 30 cm.
Endformat: 10 x 15 x 15 cm

Faltbeginn: Die ungefärbte Seite liegt oben.

1. Eine Bergfalte, wie angegeben, falten und wieder entfalten. Diese entspricht 1/5 der oberen Kantenlänge, in diesem Fall 5 cm. Nun die untere Kante an die obere Kante talfalten und wieder entfalten. Noch einmal die untere Kante an die mittlere waagerechte Talfalte falten.
2. Eine weitere Talfalte Punkt auf Punkt erstellen.

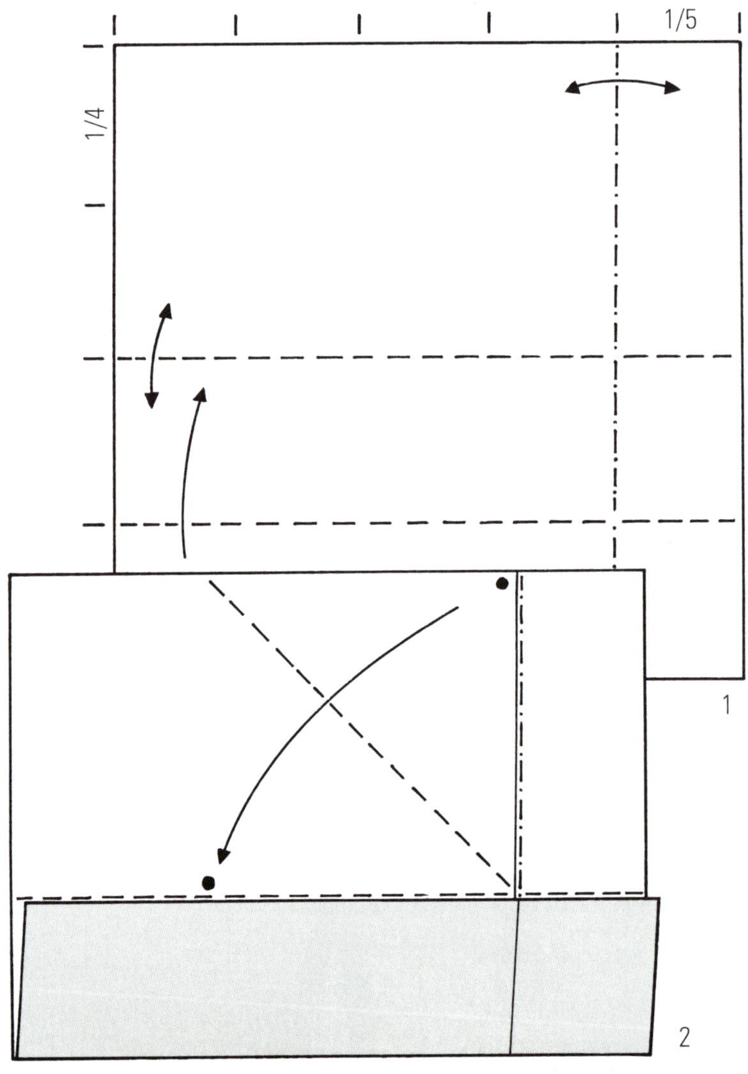

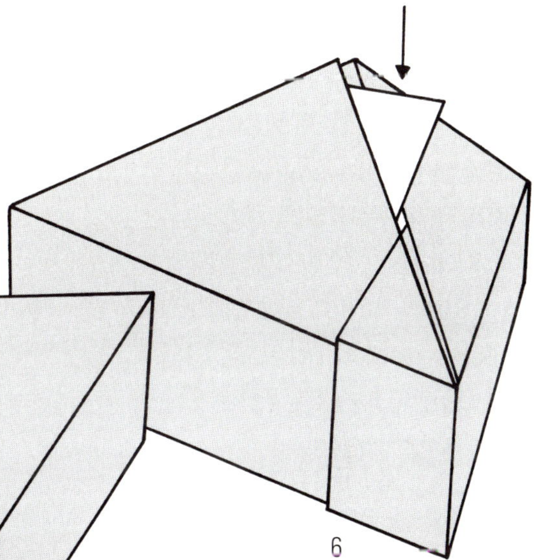

6

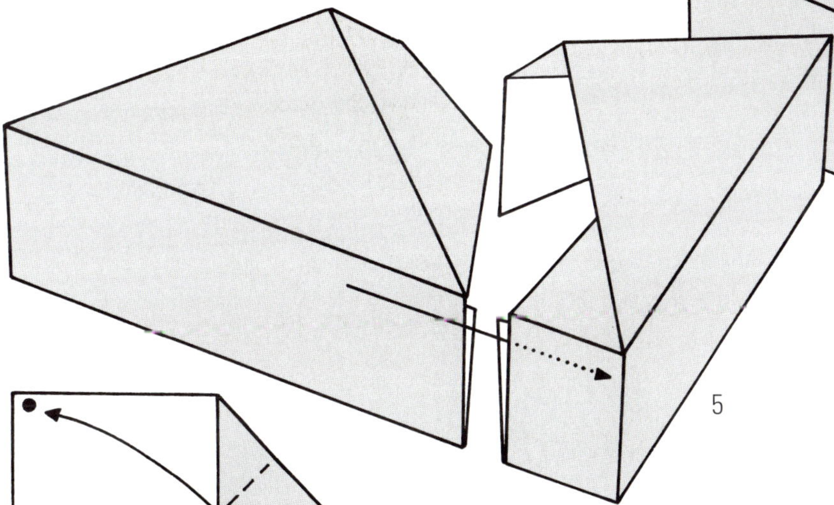

5

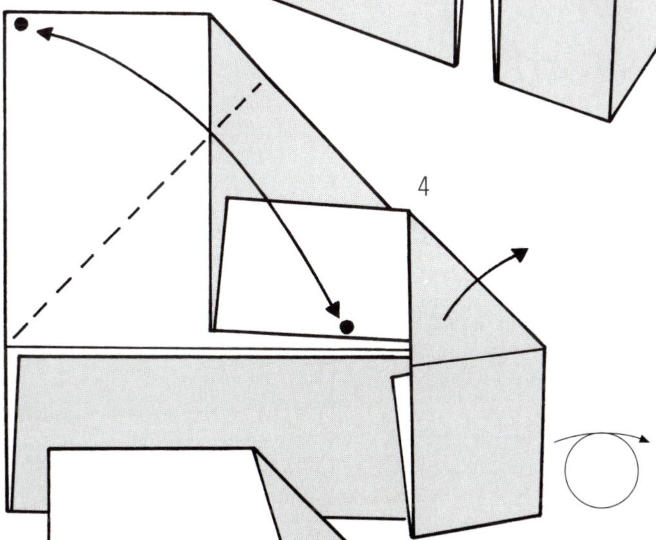

4

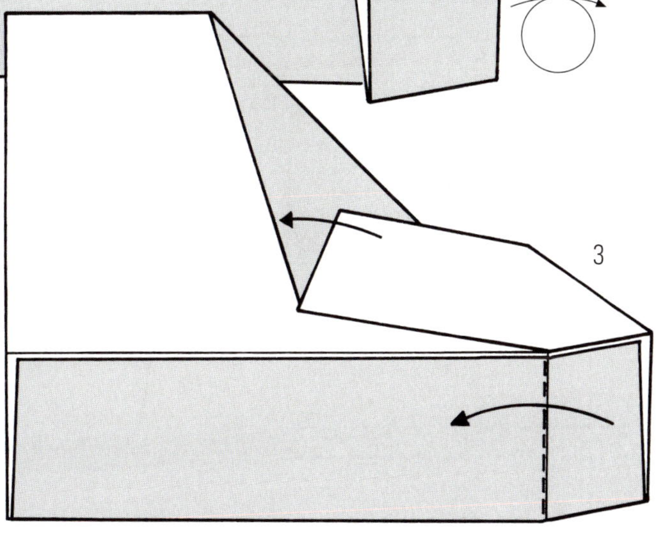

3

3. Die rechte Kante im unteren Bereich zur Mitte hin falten und flachdrücken
4. Die obere linke Spitze an die waagerechte Mitte Punkt auf Punkt talfalten und bis zum rechten Winkel wieder öffnen. Den unteren rechten Teil leicht öffnen. Es ist eine Tasche entstanden. Die Figur wenden.
5. Die Figur noch zweimal erstellen. Den langen Teil des Randes einer Figur in den kurzen einer anderen stecken. Mit dem dritten Teil ebenso verfahren.
6. Die Figur im Innenbereich gut ausformen. Dazu steckt man ein einfaches großes Dreieck durch den sichtbaren Schlitz und drückt die Falten flach. Außen hat man jetzt ein kleines Dreieck, das als Zipp oder Deckelöffner gedacht ist.

Trapezschachtel

Optisch wirkt diese Schachtel wie eine Zirkuskuppel. Darin können viele Überraschungen stecken – Holzfiguren, Knöpfe, Muscheln, bunte Schleifen oder auch ein schönes Geschenk.

Papierformat: Vier gleich große Teile mit den Maßen 30 x 30 cm aus Geschenkpapier zuschneiden. Es entsteht eine Schachtel mit 15 cm Durchmesser. Selbstverständlich können Sie auch ein kleineres oder größeres Format wählen.

Faltbeginn: Die ungefärbte Seite des Papiers liegt oben. Zwei Papiere werden für den Deckel und zwei für den Boden benötigt. Die Zeichnung bei allen vier Papieren auf die ungefärbte Seite übertragen. Anschließend exakt am Lineal entlang vorfalzen.

1. Wie in der Zeichnung dargestellt, Talfalten erstellen. Zuerst die obere linke Ecke, wie angegeben, talfalten. Nun die obere Kante an die waagerechte Mitte falten.
Ein zweites Papier bis hierher falten. Aus diesen zwei Teilen entsteht der Deckel.
Mit zwei weiteren Papieren die Faltungen wiederholen. Aus diesen entsteht der Boden.
2. Nur für die beiden Bodenteile den angegebenen Punkt auf der senkrechten Mitte suchen. Die rechte untere Ecke an die waagerechte Mitte talfalten. Durch Andrücken den Punkt markieren, in dem sich beide Linien überschneiden, und wieder entfalten. Die untere Kante an diesem Punkt talfalten.
3. Jetzt mit allen vier Bögen Berg- und Talfalten, wie in den Zeichnungen 3a und 3b angegeben, ausführen. Es empfiehlt sich, die Falten vorzuzeichnen und mit einem Falzbein am Lineal entlang vorzufalzen. Den oberen Rand im rechten Winkel aufstellen. Die Bergfalten über die Talfalten bringen.

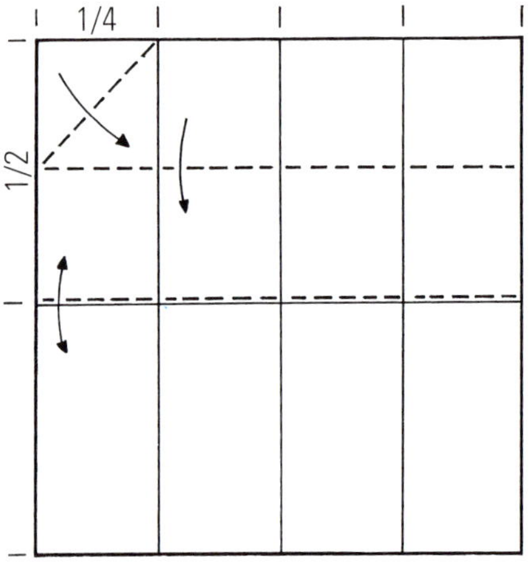

1

Für den Deckel

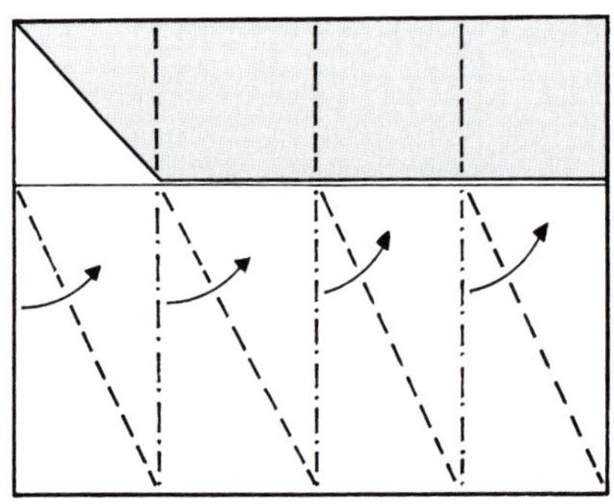
3a

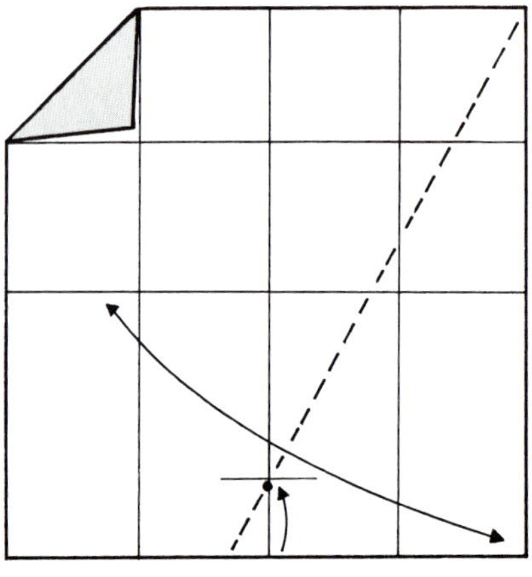
2

Für den Boden

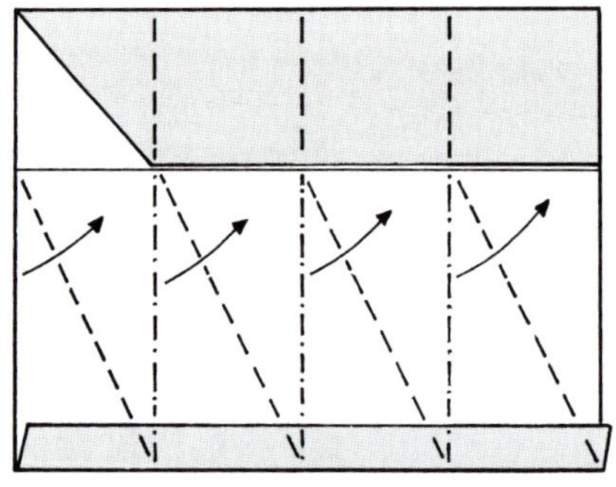
3b

4. Ein Teil der Schachtel sieht jetzt so aus.
5. In den Teilen ist bis zur Mitte hin ein Schlitz entstanden. Das eine Bodenteil in die linke und das andere in die rechte Hand nehmen und die beiden Schlitze zur Mitte hin zusammenschieben. Die Teile innen und außen flachdrücken. Im Rand sind diagonale Taschen entstanden. Die gegenüberliegenden Kanten, wie angegeben, in diese Taschen stecken. Den Deckel in gleicher Weise herstellen, nur dabei die Spitzen von Innen hochdrücken.
6. Die Trapezschachtel ist fertig!

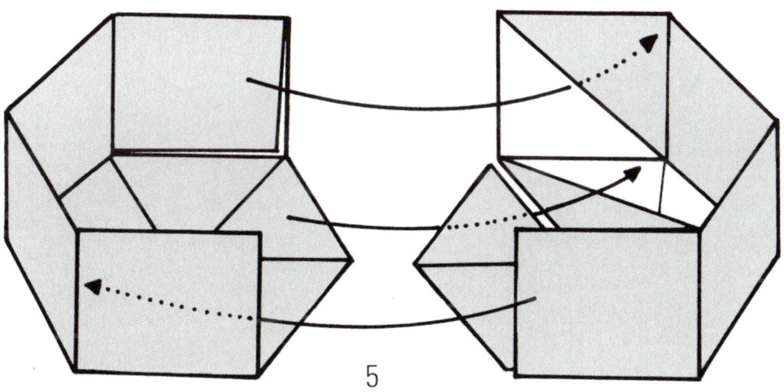

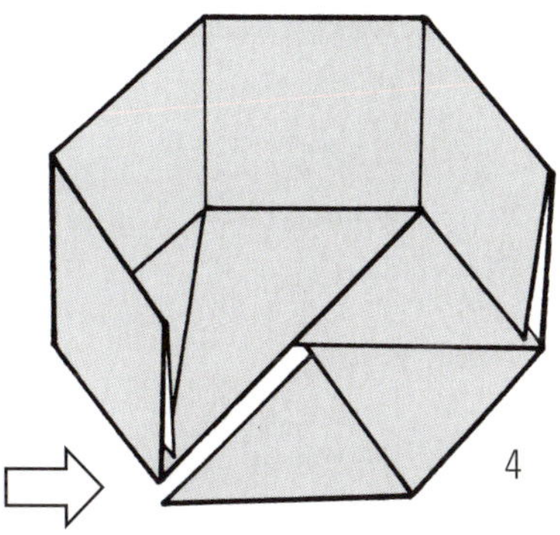

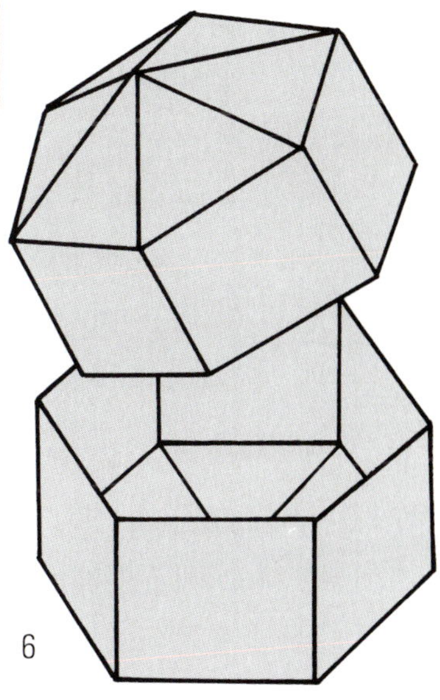

6

Hutschachtel

Allenfalls Puppenhüte passen in diese Hutschachtel. Dafür aber vieles andere – Ihrer Fantasie sind keine Grenzen gesetzt. Vor allem für runde Dinge, die sich sonst so schwer verpacken lassen, bietet die Hutschachtel ein ideales Behältnis.

Papierformat: Zwei Quadrate in der Größe 29 x 29 cm sowie 30 x 30 cm aus Geschenkpapier zuschneiden. Das kleinere Format ergibt den Boden. Die angegebenen Formate ergeben einen Schachteldurchmesser von 15 cm mit einer Höhe von 7,5 cm. Benötigen Sie eine größere Verpackung, dann müssen Sie die Papiergröße entsprechend verändern.

Faltbeginn: Die ungefärbte Seite liegt oben.

1. Obere Kante an die untere Kante falten und wieder entfalten. In der waagerechten Mitte ist eine Talfalte entstanden. Jetzt die obere Kante an diese Mitte talfalten.
2. Mit Winkel und Lineal, wie angegeben, sechs gleiche Flächen markieren und am Lineal entlang vorfalzen. Die gefalzten Linien talfalten und wieder entfalten.
3. Die Talfalten im unteren Bereich zu Bergfalten umfalten. Wie angegeben, noch diagonale Talfalten erstellen und wieder entfalten.

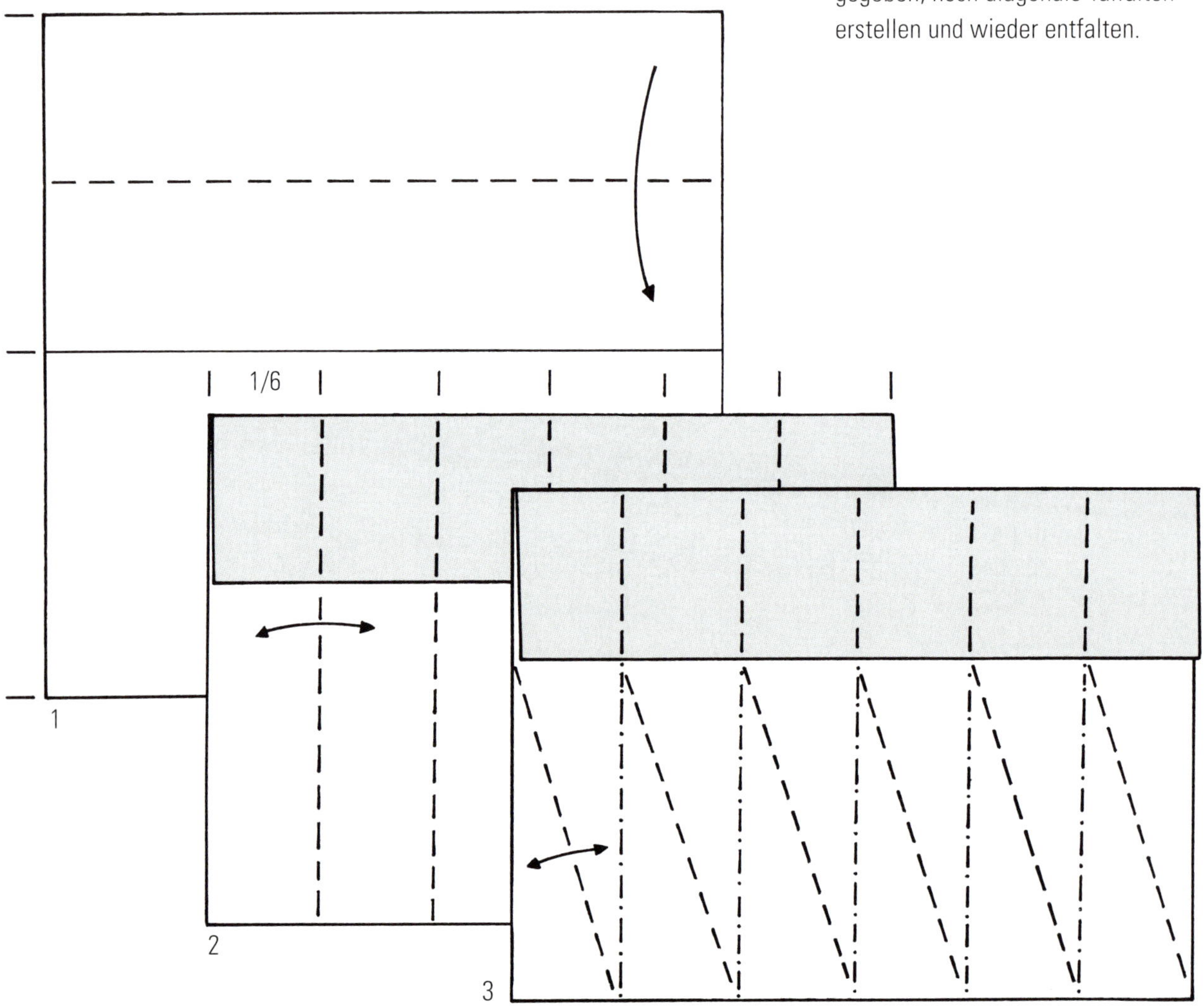

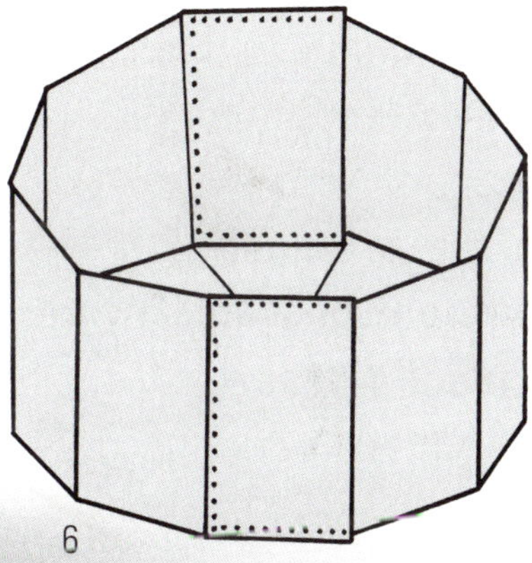

6

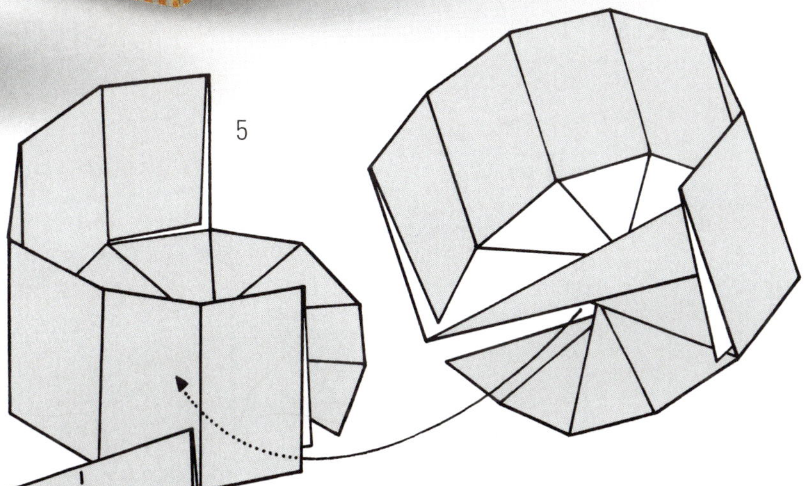

5

4. Den Rand im rechten Winkel durch eine Talfalte nach oben stellen. Für einen flacheren Deckel den Rand noch einmal nach unten falten. Jetzt, wie angegeben, die Bergfalten über die Talfalten bewegen. Die Mitte mit einer großen Büroklammer fixieren. Mit dem zweiten Bogen in gleicher Weise verfahren.

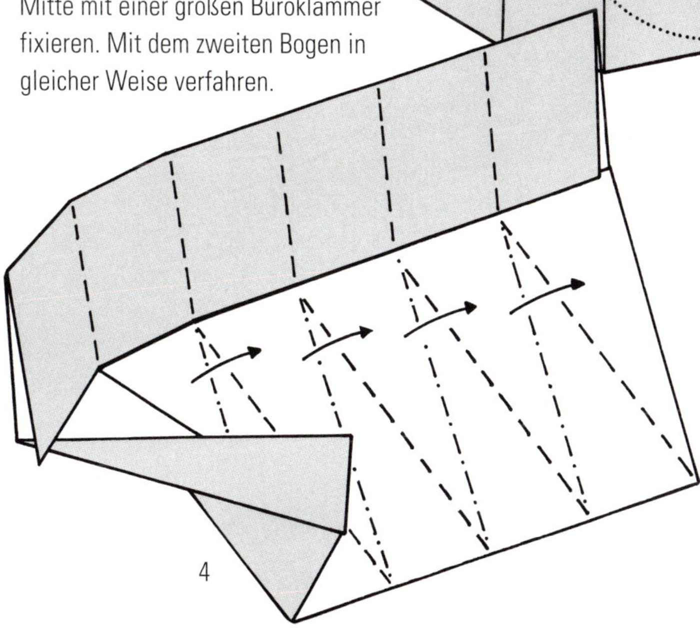

4

5. In die linke und rechte Hand je ein Teil nehmen. In der Mitte ist ein Schlitz entstanden. Ein Teil leicht nach vorne, den anderen leicht nach hinten drehen. Beide Schlitze ineinander stecken, innen und außen flachdrücken.

6. Die Schachtel sieht jetzt so aus. Die übereinander liegenden Flächen im Innenrand aneinander falten, indem man eine Lage anhebt und über die eingeschobene Lage faltet. Fertig ist die Hutschachtel.

Toblerone-Schachtel

Ein zusammengerollter Schal, ein Poster, ein Schirm, vielleicht sogar eine Angel – in der Toblerone-Schachtel kann man vor allem lange Dinge perfekt verstecken. Einfach die Seitenteile entsprechend verlängern.

Papierformat: Zwei Bögen aus Geschenkpapier in der Größe 21 x 30 cm oder größer zuschneiden. Endformat: 5 x 5 x 28 cm

Faltbeginn: Die ungefärbte Seite liegt oben. Den Bogen in vier Flächen aufteilen und diese aufzeichnen. Die Zeichnung nachfalzen.

1. Die linke obere Ecke an die senkrechte Linie umfalten (siehe Zeichnung). Die Dreieckunterkante in der Verlängerung talfalten. Die vorgefalzten Linien jetzt talfalten und wieder entfalten. Im oberen Bereich diagonale Talfalten erstellen und entfalten.

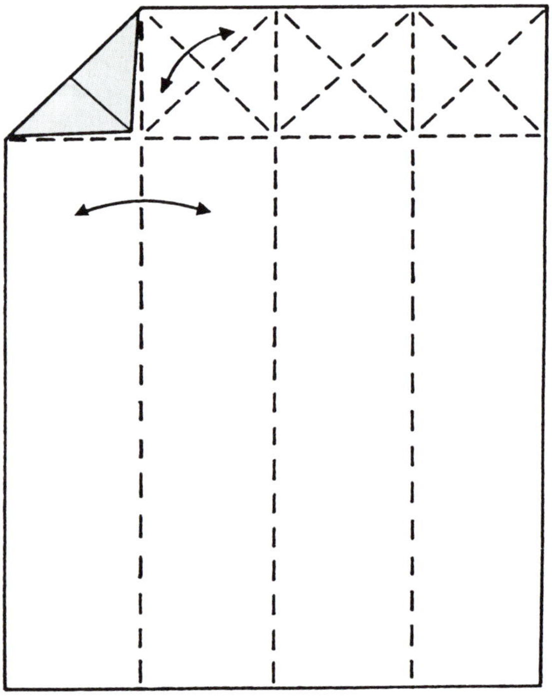

1

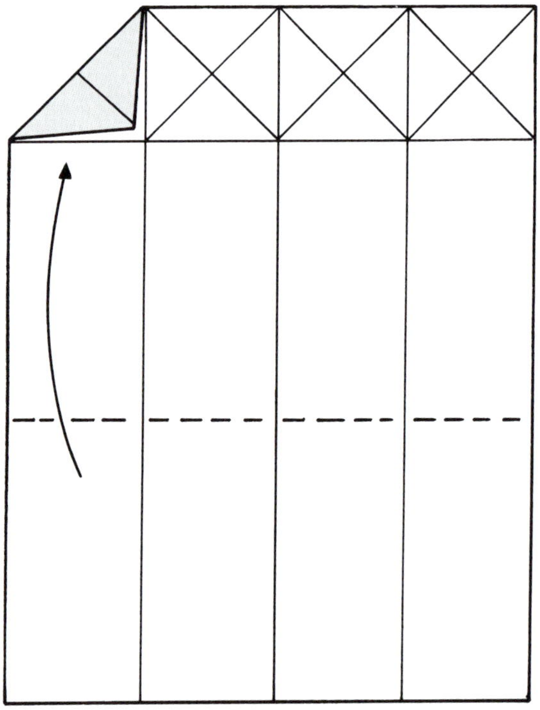

2

2. Die untere Kante an die obere waagerechte Talfalte bringen.
Variation: Faltet man die untere Kante nicht bis oben wird die Verpackung entsprechend länger.
3. Die vorhandenen Falten jetzt, wie in der Zeichnung angegeben, umfalten und wieder entfalten.
4. Die linke Kante in die Tasche der rechten Kante stecken. Es ist ein dreieckiger Zylinder entstanden.
5. Die erste Ecke, wie angegeben, nach Innen falten. Immer nur bis zur Mitte der Diagonalen falten. In der Mitte ist nun eine kleine Pyramide entstanden.
6. Die nächste Kante nach Innen hinter die Pyramide falten.
7. Nun im Rhythmus die nächste Kante falten.
8. Die verbleibende Spitze durch eine Talfalte in die gegenüberliegende Tasche der Pyramide stecken.
9. Ein Teil der Verpackung ist fertig. Nun das Gegenstück herstellen. Wieder eine Papierschlaufe falten, dabei auf die Kantenlänge achten. Zur Hälfte hineinkleben und das andere Teil darüber stülpen. Fertig ist die Toblerone-Schachtel.

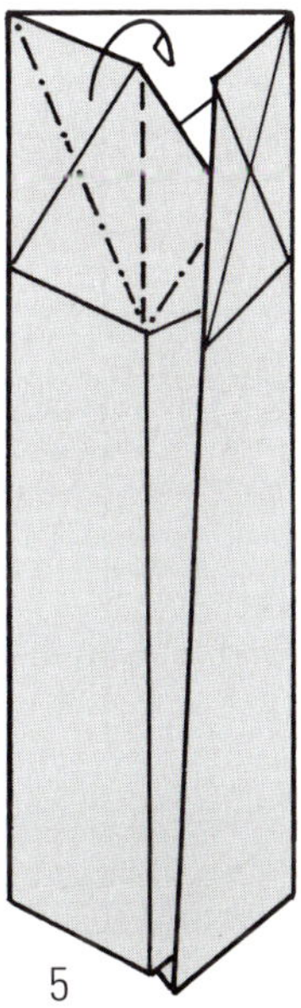
5

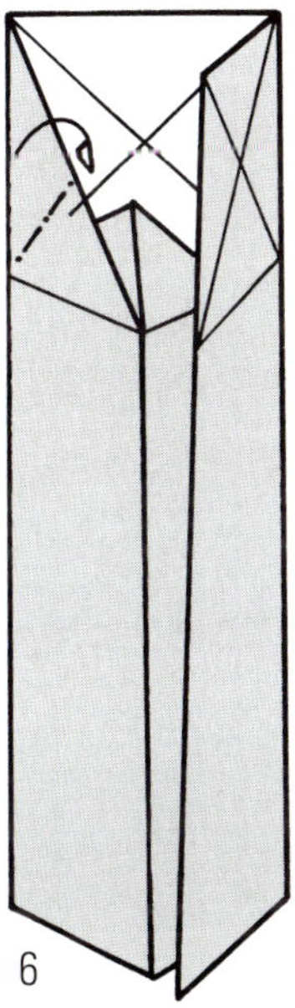
6

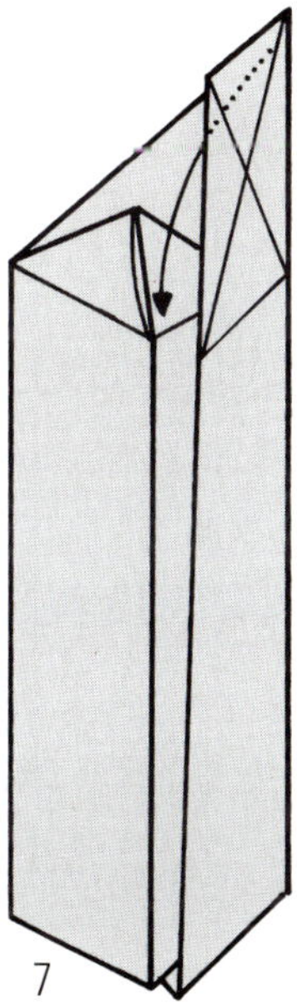
7

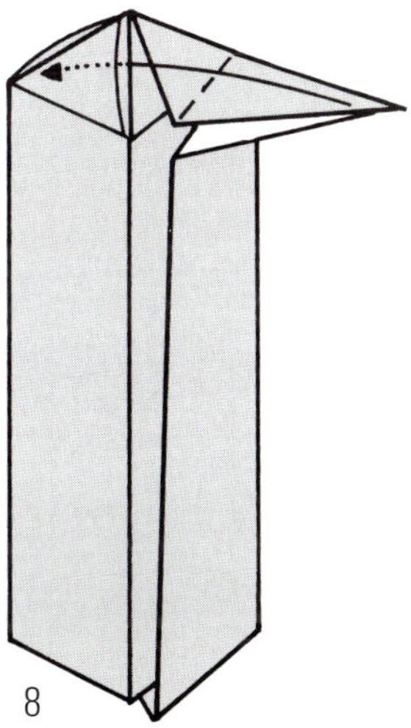
8

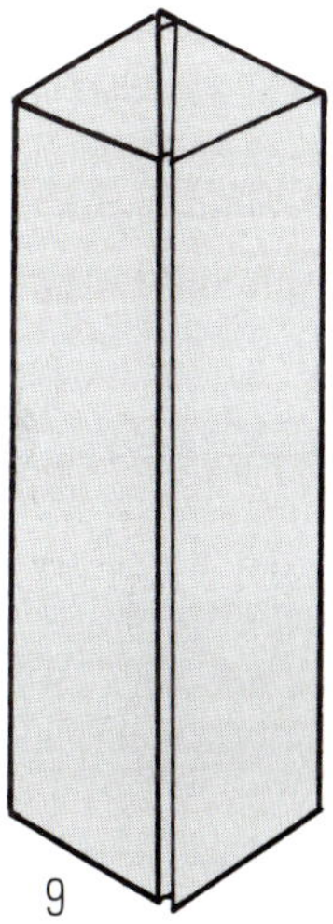
9

3
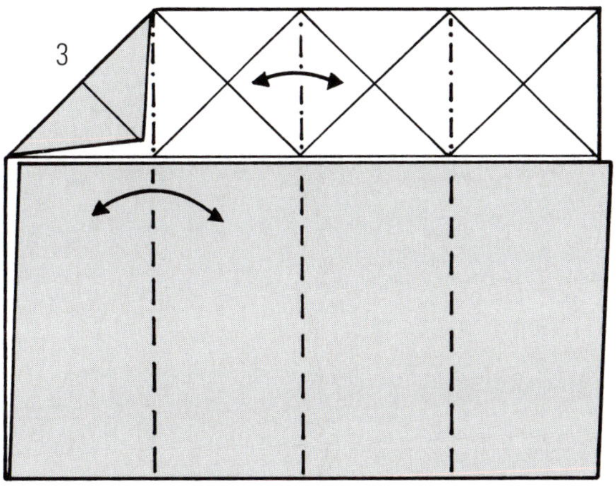

4
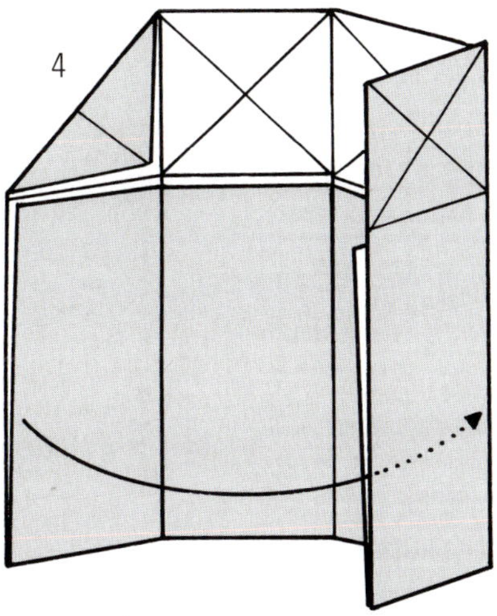

»i«-Punkt

Diese beiden Schachtelteile sind sozusagen das Tüpfelchen auf dem »i«. Eine kleine Beigabe zum Geschenk? Der »i«-Punkt macht's möglich.

Papierformat: Zwei Faltbogen im Format 21 x 30 cm oder größer zuschneiden.
Endformat: 5 x 5 x 28 cm

Faltbeginn: Die ungefärbte Seite liegt oben. Wie angegeben, fünf gleiche Flächen auf das Papier aufzeichnen und die Linien nachfalzen.
1. Die gefalzten senkrechten Linien talfalten und wieder entfalten. Jetzt die linke obere Ecke an die erste Talfalte bringen. Die Unterkante des Dreiecks in der Verlängerung talfalten und wieder entfalten.
2. Nun diagonale Talfalten im angegebenen oberen Bereich ausführen und wieder entfalten. Die untere Kante an die obere waagerechte Talfalte falten. Variation: Wenn die Kante in einem bestimmten Abstand unter die obere Talfalte gebracht wird, wird die Verpackung entsprechend länger.
3. Die vorhandenen senkrechten Falten noch einmal umfalten und entfalten.

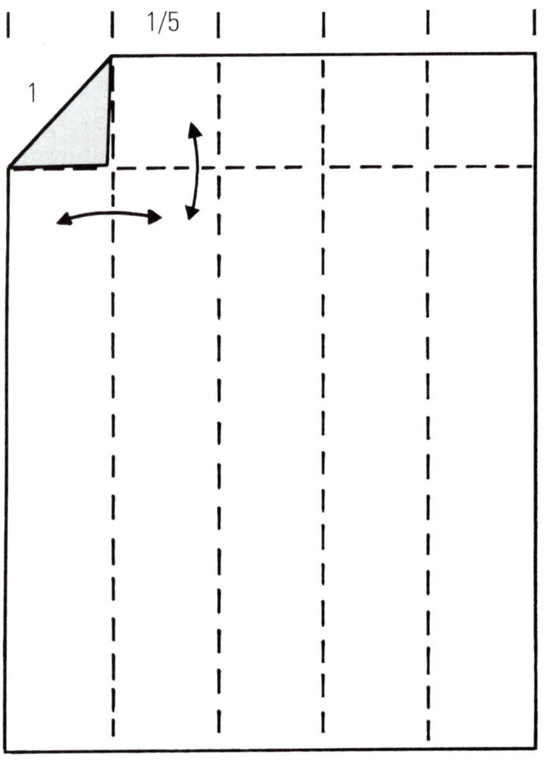

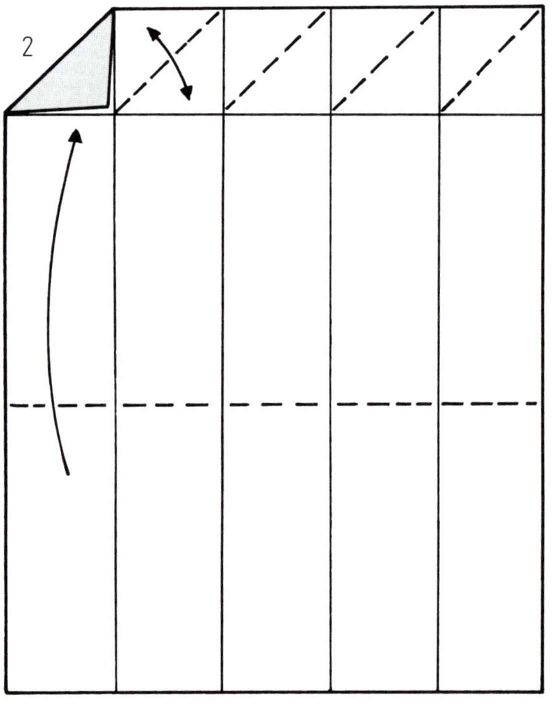

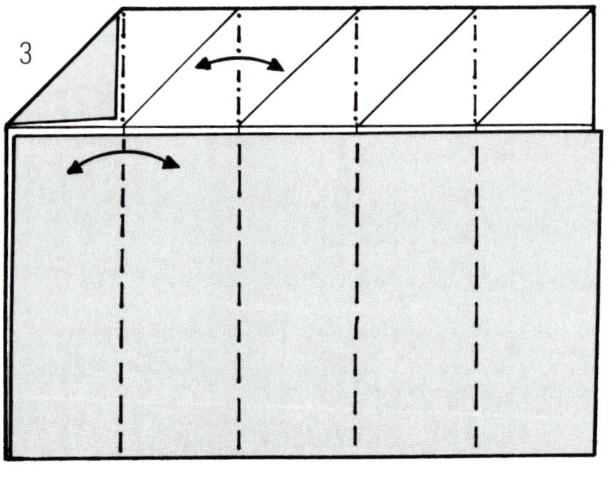

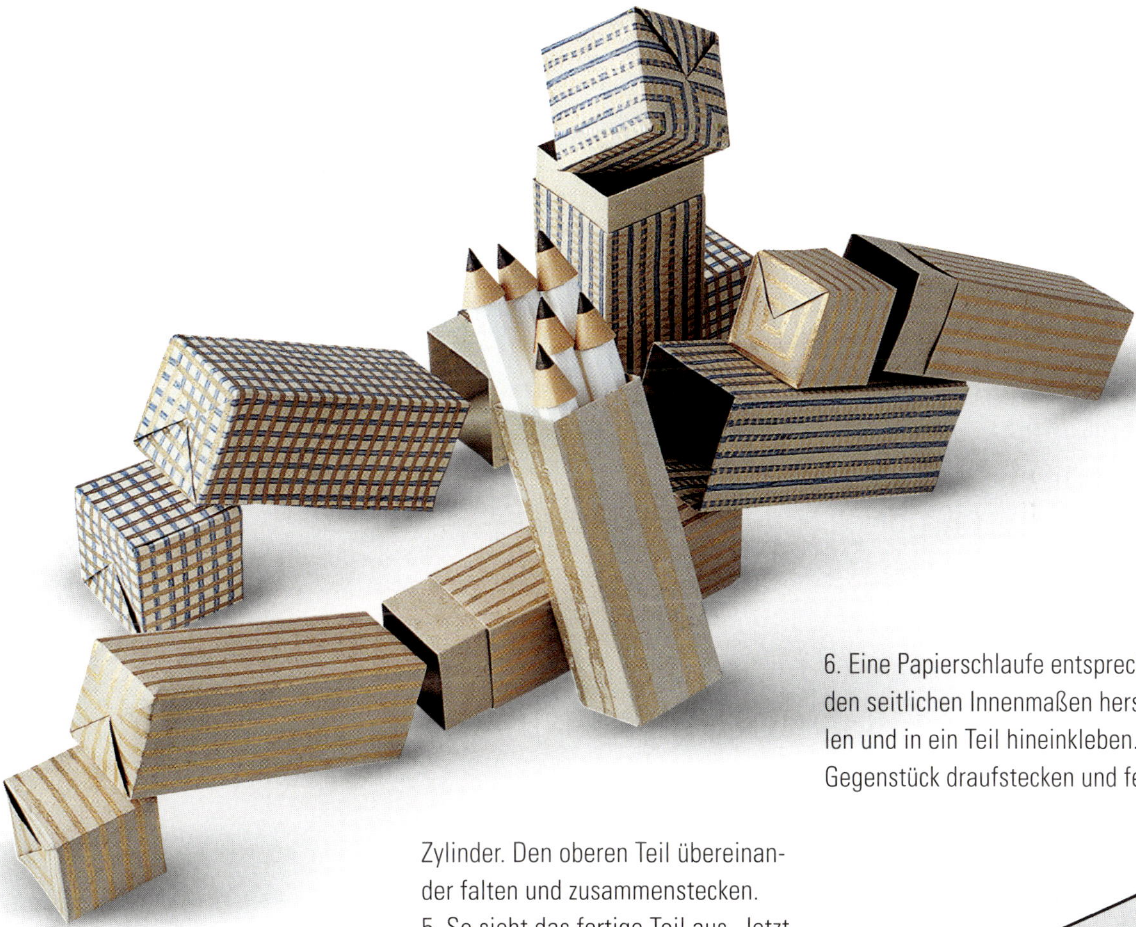

4. Im unteren Bereich ist eine Tasche entstanden. Jetzt die linke Kante in die rechte Kante stecken. Sie erhalten einen quadratischen Zylinder. Den oberen Teil übereinander falten und zusammenstecken.

5. So sieht das fertige Teil aus. Jetzt noch ein Gegenstück herstellen.

6. Eine Papierschlaufe entsprechend den seitlichen Innenmaßen herstellen und in ein Teil hineinkleben. Das Gegenstück draufstecken und fertig!

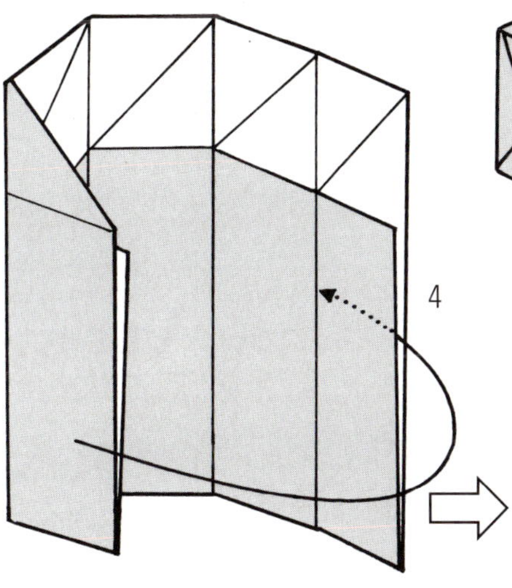

4

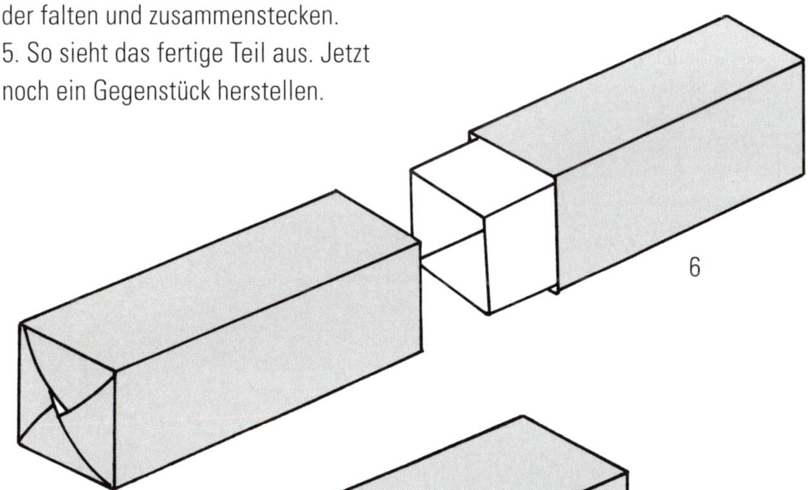

6

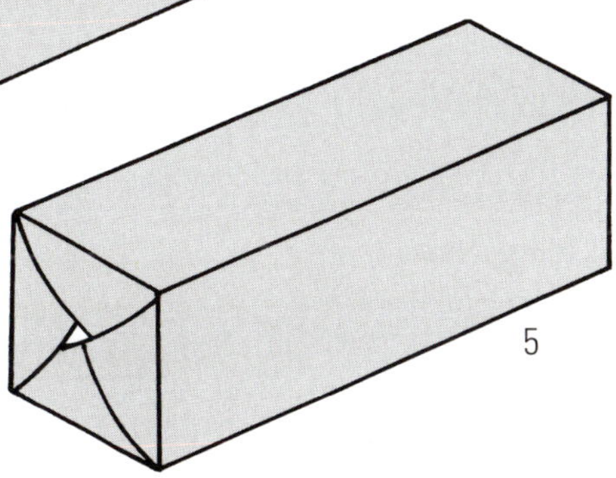

5

CD-Hülle

Ob Klassik, Pop, Rock oder Volksmusik – CDs sind ein beliebtes Geschenk. Ihre Verpackung stand bislang meist im Schatten des Covers, nun gibt es eine gleichberechtigte Alternative. An den Außenkanten dieser CD-Hülle befinden sich Taschen, in die beispielsweise eine Konzertkarte oder ein Briefchen gesteckt werden kann.

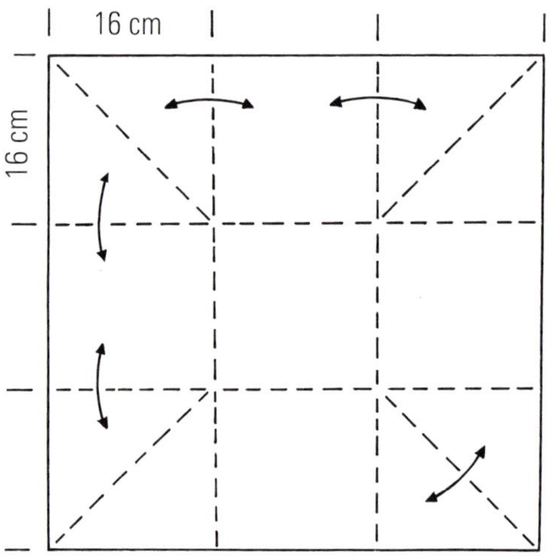

1

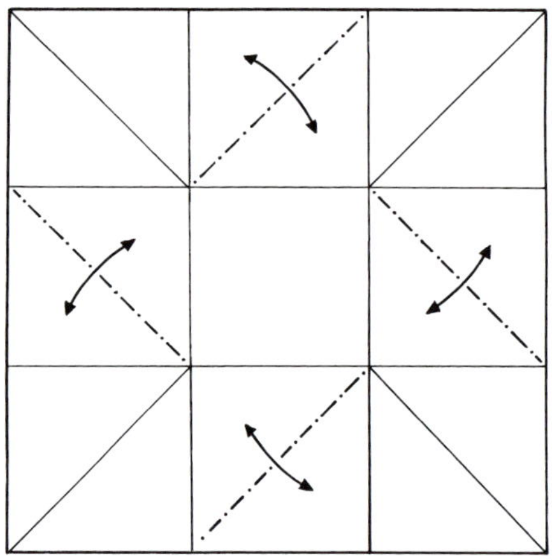

2

Papierformat: Mit Geschenkpapier eine Fläche von 48 x 48 cm zuschneiden.
Endformat: 1,5 x 15 x 15 cm

Faltbeginn: Die Rückseite des Papiers liegt oben.

1. Die Zeichnung auf den Bogen übertragen. Dabei exakt mit Winkel und Lineal arbeiten und die gezeichneten Linien am Lineal entlang mit einem Falzbein vorfalzen.
Aus den Linien Talfalten erstellen und wieder entfalten.
2. Nun vier Bergfalten, wie angegeben, falten und wieder entfalten.
3. Die Bergfalten nach oben ziehen und im Uhrzeigersinn übereinander legen.

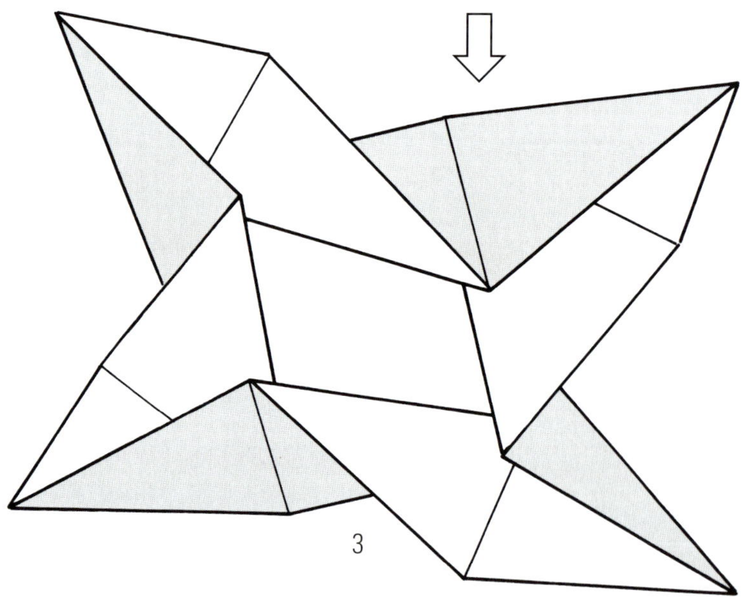

3

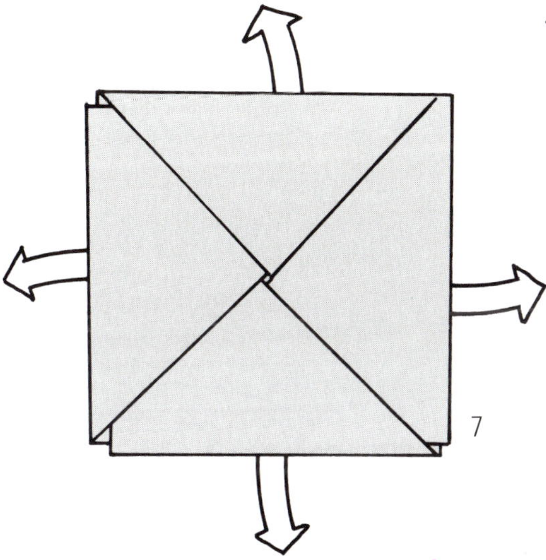

7

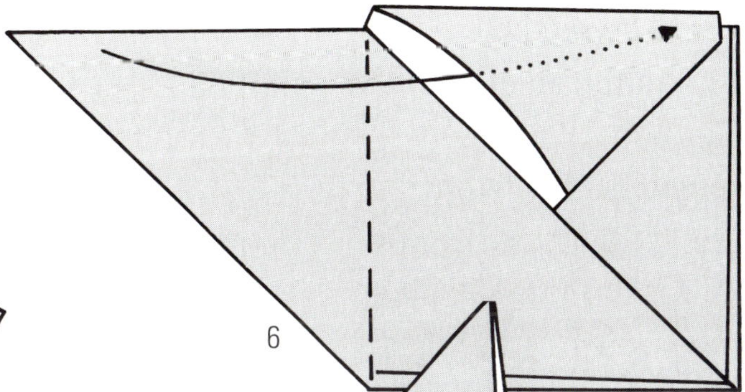

6

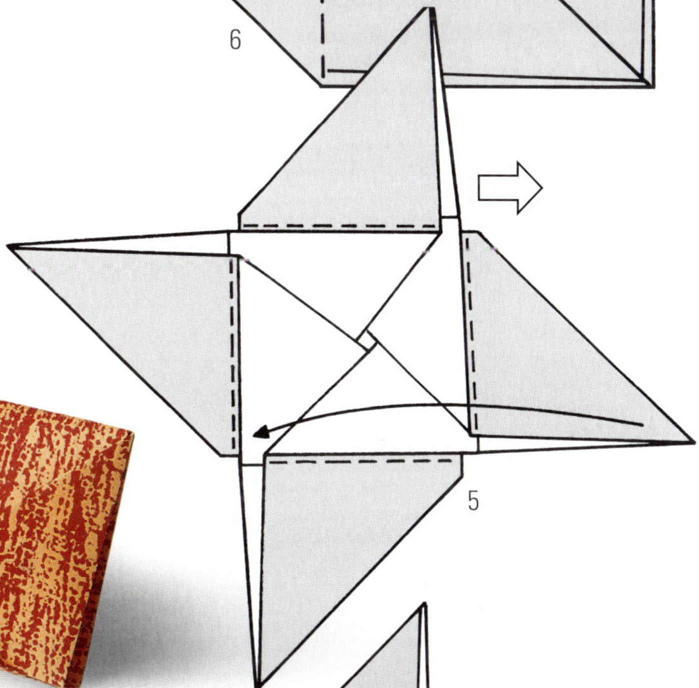

5

4. Es entsteht dabei eine Figur ähnlich einer Windmühle oder einem Stern. Die Kanten der Form fest aufeinander drücken.
5. Eine seitliche Spitze durch eine Talfalte an die gegenüberliegende Ecke falten. Die drei verbleibenden Spitzen im Uhrzeigersinn übereinander falten.
6. Die letzte Spitze unter die erste Spitze stecken.

7. Die Verpackung öffnen, die CD hineinlegen und im angegebenen Rhythmus wieder verschließen. Die geschlossene CD-Hülle sieht so aus.

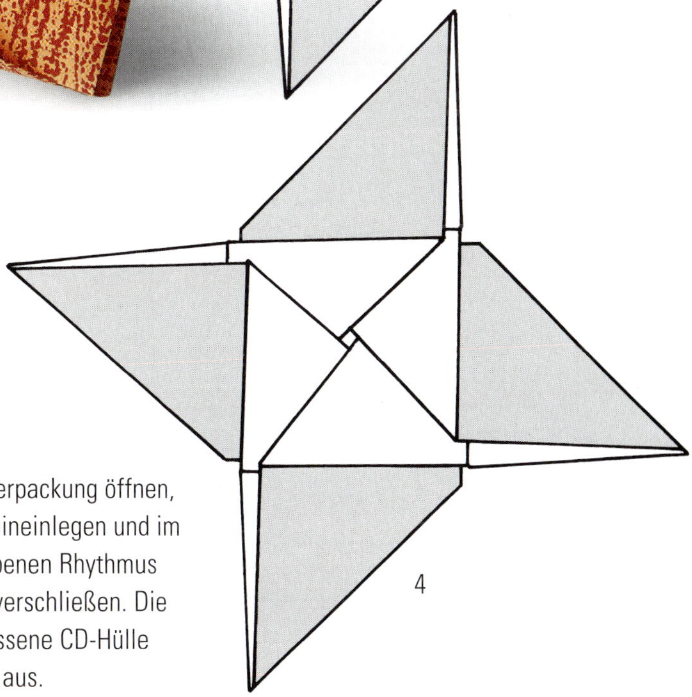

4

Bonbon mit Variationen

Diese zweiteilige Schachtel ist ein echtes Bonbon. Wenn man einen Teil hochkant stellt, dann wird ein Behälter daraus. Ein Glas hineingestellt, fertig ist ein witziger Eisbecher.

Papierformat: Aus Geschenkpapier eine Fläche von 30 x 42 cm zuschneiden.
Es entsteht ein Bonbon mit 8 cm Durchmesser und einer Höhe von 20 cm.

Faltbeginn: Die Rückseite des Papiers liegt oben.
1. Die rechte und die linke Kante einen Zentimeter zur Mitte hin umfalten. Die seitlichen Kanten durch eine Bergfalte nach hinten aufeinander falten.
2. Die obere Lage durch eine Bergfalte an die gegenüberliegende Kante falten.
3. Die untere Lage nach hinten bringen.

1

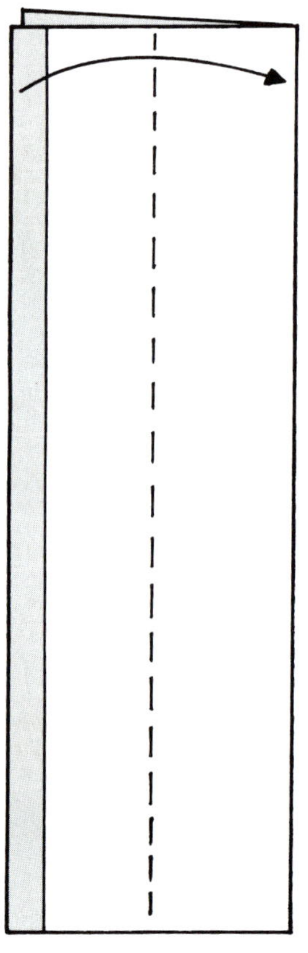
2

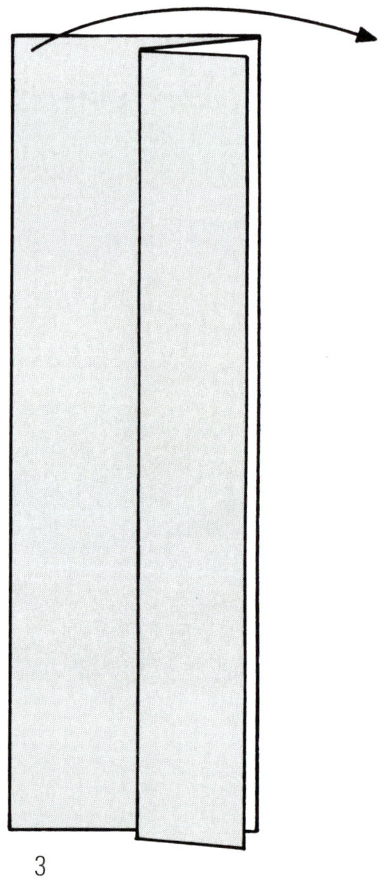
3

4. Jetzt die rechte Kante, wie angegeben, talfalten. Die Figur wenden.
5. Die Figur mit Winkel und Lineal wie dargestellt in acht gleich große Flächen aufteilen, vorfalzen, talfalten und wieder entfalten. Die Figur noch einmal wenden.

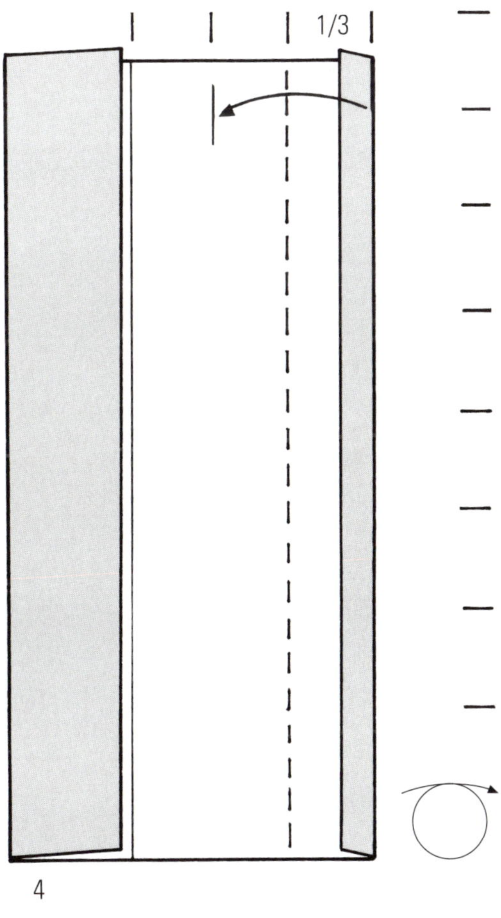

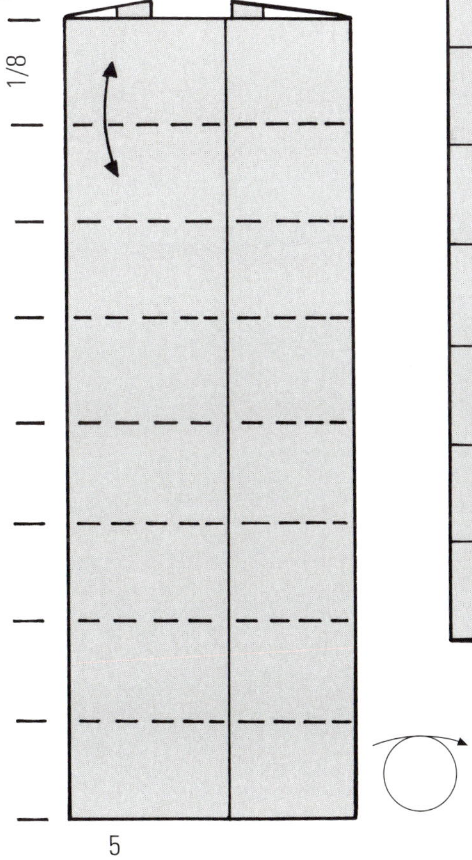

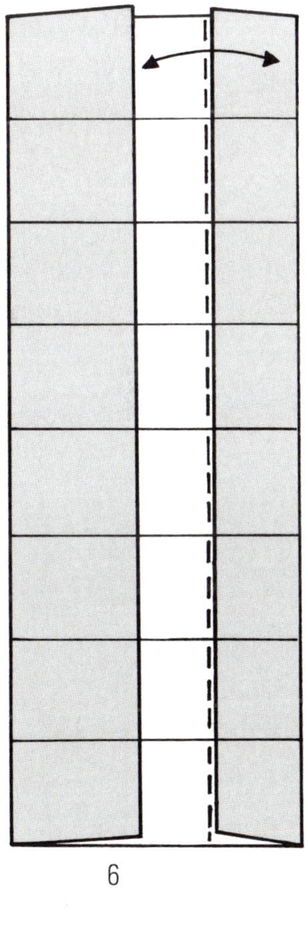

6. Die äußere rechte Kante zur Mittelkante falten und wieder entfalten.

7. Mit dem Falzbein am Lineal entlang diagonale Linien vorfalzen. Exakt arbeiten! Diese talfalten und wieder entfalten.
8. Die Enden der Figur, wie angegeben, ineinander stecken und zu einem Fünfeck ausformen.
9. Die Verpackung in beide Hände nehmen. In den linken Teil hineingreifen und mit Daumen und Zeigefinger fest halten. Im rechten Teil im Uhrzeigersinn die Bergfalten über die Talfalten zusammendrehen. Von außen den zusammengedrehten Teil flachdrücken.

Ein Teil des Bonbons ist nun fertig. Sollen die beiden Teile übereinander gesteckt werden, muss ein Bogen rundum 1 cm kleiner geschnitten werden (29 x 41 cm).

Klebt man eine Papierschlaufe in ein Teil hinein, dann lassen sich beide Teile aufeinander stecken. Dafür die Innenkanten ausmessen und eine entsprechend lange und hohe Schlaufe anfertigen und hineinkleben.

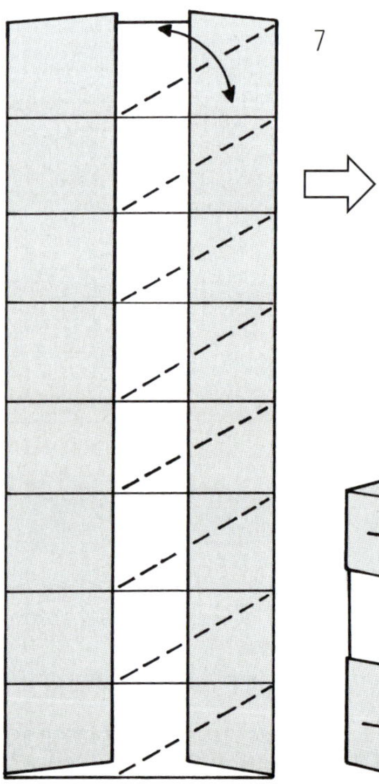

7

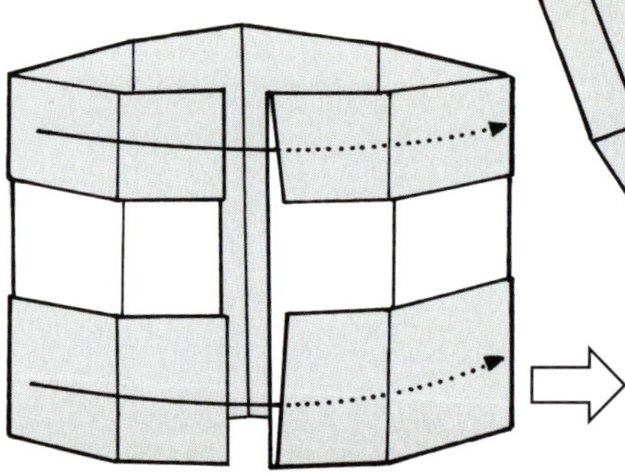

8

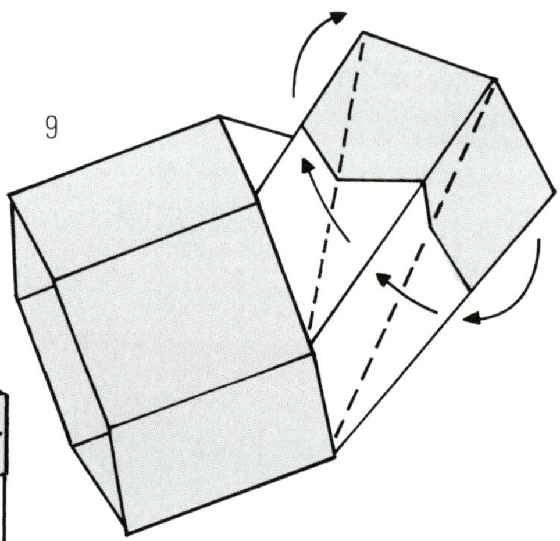

9

Flaschenbox & hohe Schachteln

Flaschenkühler

»Flüssige« Mitbringsel verlieren durch eine edle und individuelle Verpackung schnell ihren Ruf als Verlegenheitsgeschenk. Ob Sekt oder Wein – in die aus Unter- und Oberteil bestehende Schachtel passen sie alle rein. Es lassen sich aber nicht nur Flaschen wirkungsvoll verstecken, auch Vasen, Karaffen oder schöne Gläser sind so gut verpackt.

Papierformat: Aus Geschenkpapier zwei Bögen der Größe 30 x 42 cm zuschneiden.
Es entsteht ein Flaschenkühler mit einem Durchmesser von 11 cm und einer Höhe von 30 cm.

Faltbeginn: Die ungefärbte Seite liegt oben.
1. Die Zeichnung auf einen Bogen übertragen. Die senkrechten Linien nachfalzen, talfalten und wieder entfalten.
2. Im oberen Bereich zwei Talfalten erstellen und wieder entfalten. Der Abstand beträgt je 1,5 cm. Die untere Kante mit 1/3 der seitlichen Kantenlänge talfalten und wieder entfalten.
3. Wie dargestellt, diagonale Bergfalten im unteren Bereich erstellen und wieder entfalten. Die linke Kante an die rechte erste Talfalte bringen und die rechte Kante darüber falten.
4. Die Figur oben und unten mit einer Büroklammer für den Augenblick fixieren. Es ist ein fünfeckiger Zylinder entstanden. Nun die Berg- über die Talfalten bringen und somit durch leichtes Drehen den Boden schließen (wie beim Bonbon Seite 56, Figur 9).

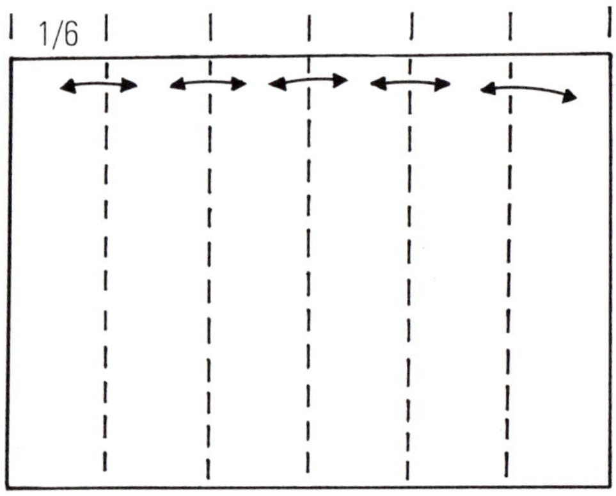

1

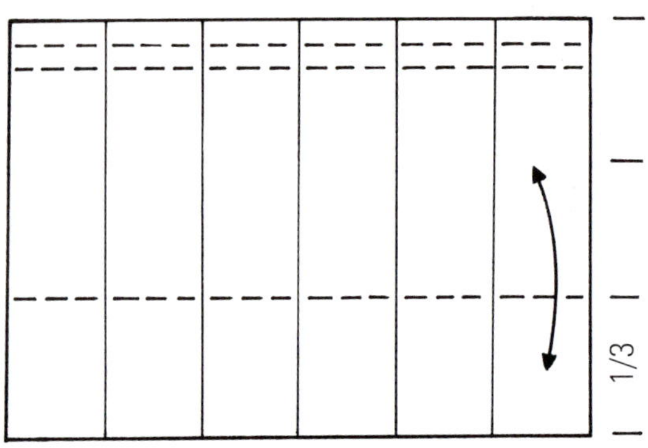

2

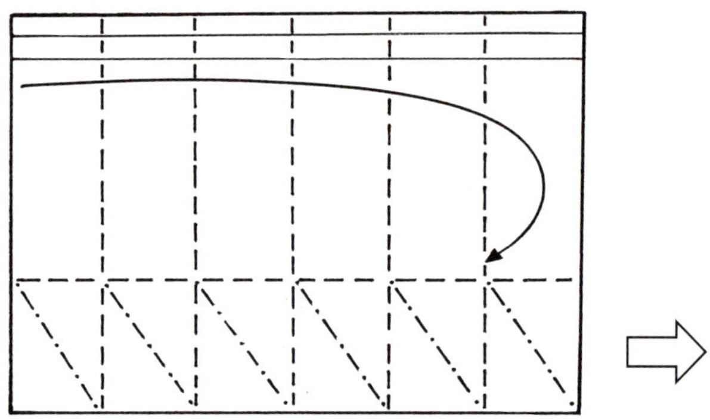
3

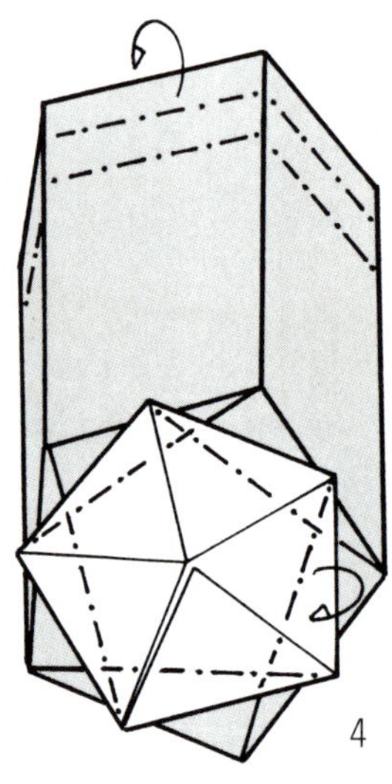
4

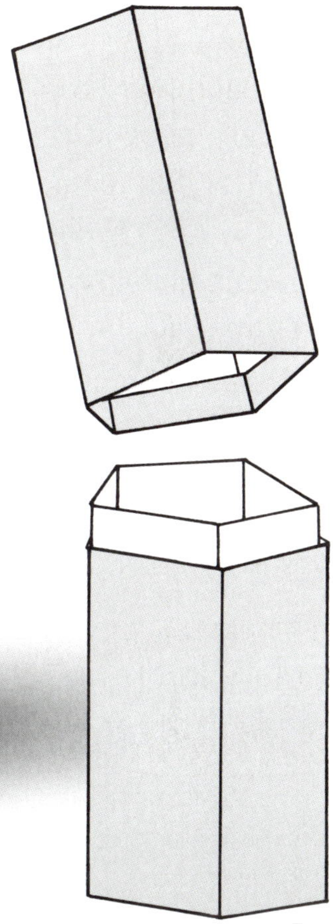

7

Durch Bergfalten im angegebenen Bereich gibt man dem Boden Stabilität. Die Bergfalten nach innen übereinander bringen.

5. So sieht der fertige Boden aus.
6. Ein Teil ist fertig! Jetzt das zweite Teil in gleicher Weise herstellen.
7. Eine Papierschlaufe falten, dabei die seitliche Kantenlänge beachten. In eines der Teile hineinkleben und der Flaschenkühler ist einsatzfähig.

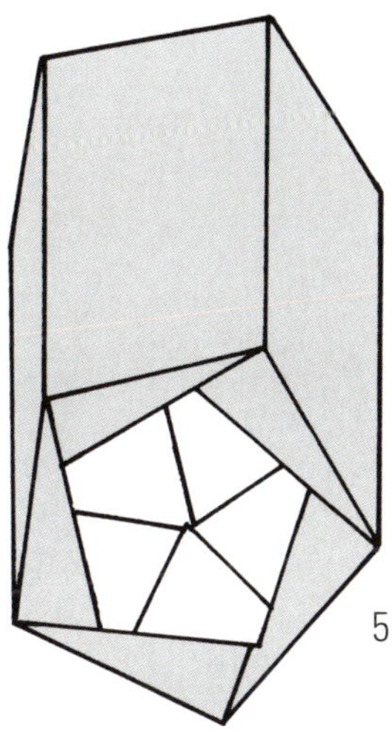

5

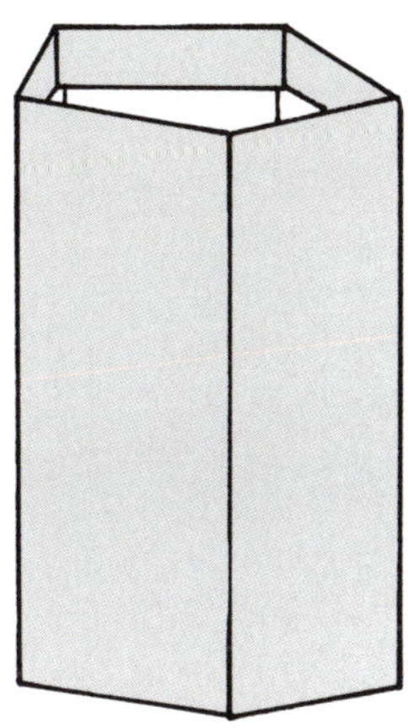

6

Deckelbox

Klassisch aber trotzdem schön und vielfältig einzusetzen ist die Deckelbox. Nicht nur Flaschen, sondern auch Kerzenleuchter oder eine Topfpflanze kann in dieser Box handlich und doch kreativ verhüllt werden.

Papierformat: Für den Boden ein Papierformat 40 x 60 cm, für den Deckel ein Format 41 x 30 cm aus starkem Geschenkpapier zuschneiden.
Endmaße: 30 x 8 x 8 cm

Faltbeginn: Zuerst wird der Deckel gefaltet. Die ungefärbte Seite liegt oben. Die Zeichnung exakt auf den Papierbogen übertragen. Die Linien mit dem Falzbein nachfalzen.

1. Die Berg- und Talfalten, wie angegeben, erstellen. Die obere rechte Ecke talfalten. Die untere Kante an die waagerechte Mitte falten.
2. Die beiden äußeren Taschen, wie dargestellt, ineinander stecken.
3. Die Bergfalte, wie angegeben, nach innen falten.
4. Erneut Berg- und Talfalten nach innen über die erste Lage ziehen.
5. Berg- und Talfalte nach innen über beide Lagen bringen.
6. Die letzte Talfalte erstellen.
7. Die Spitze durch Talfalten, wie dargestellt, unter den Schlitz stecken. Der Deckel ist fertig.

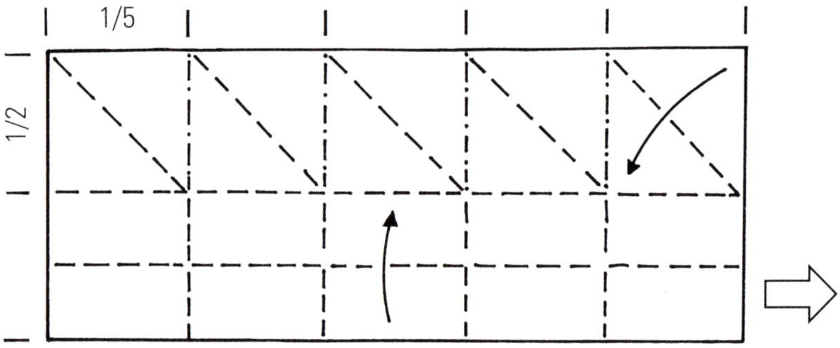

1

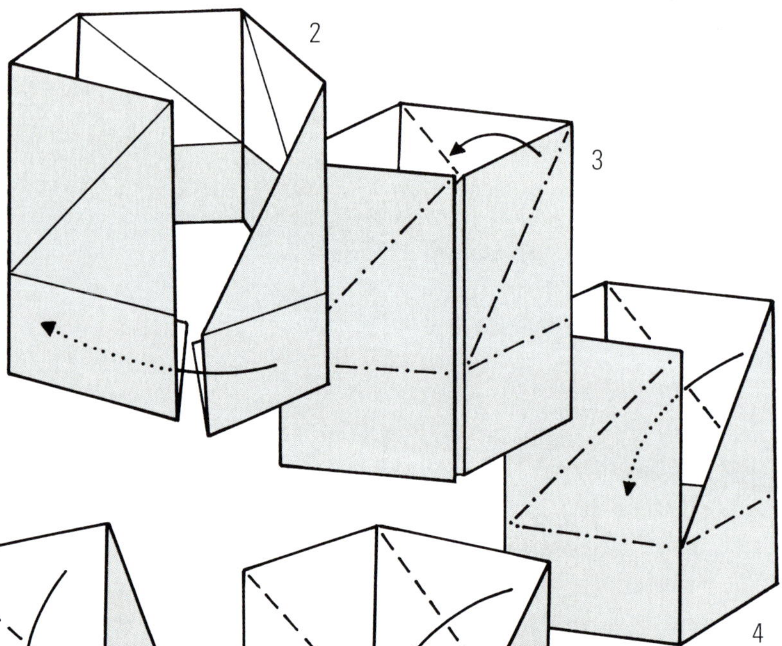

2 3 4

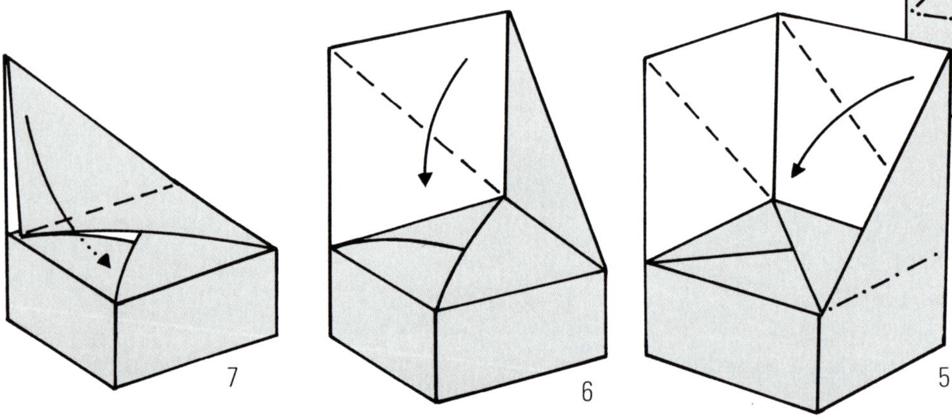

7 6 5

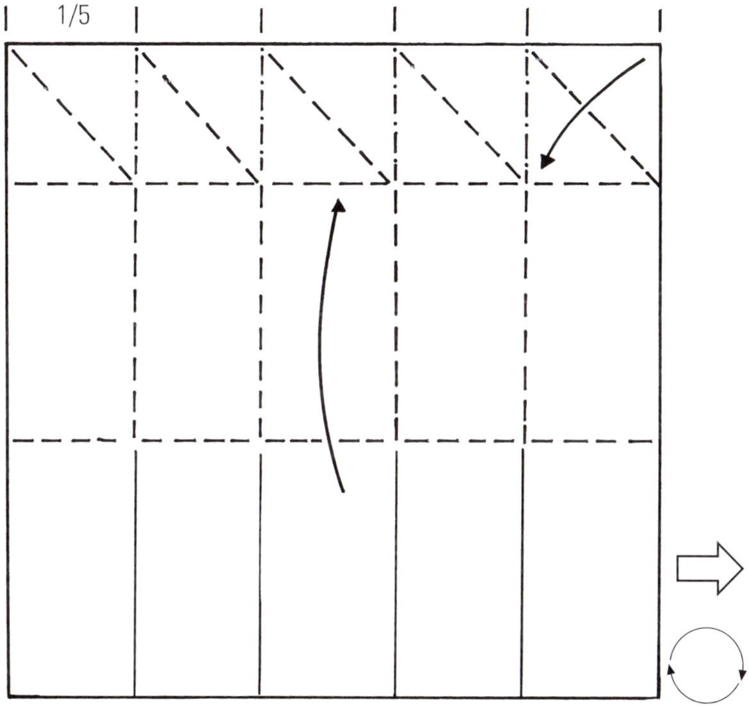

8

8. Die rechte obere Ecke an die senk rechte Linie falten. Die Unterkante vom Dreieck ergibt exakt die Faltung für die obere Talfalte (8 cm). Nun Berg- und Talfalten im oberen Bereich erstellen. Der untere Bereich stellt die spätere Höhe der Verpackung dar. Durch verschieden hohes Umfalten ergibt sich die Höhe der Verpackung. Somit ist es möglich, die Verpackung individuell auf jede gewünschte Höhe einzustellen. Seitlich sind wie beim Deckel zwei Taschen entstanden. Die Taschen ineinander stecken. Unten und oben mit einer Büroklammer fixieren.
Faltvorgänge Figur 2 bis Figur 7 des Deckels wiederholen.
9. Unsere Deckelbox ist nun zum Füllen bereit.

9

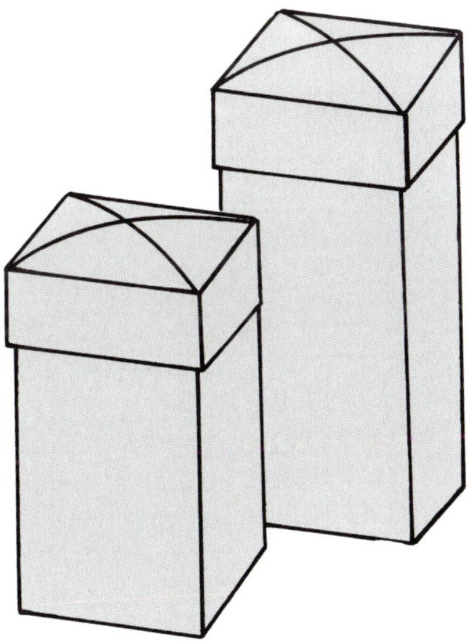

Jetzt die hohe Schachtel herstellen:
Die ungefärbte Seite liegt oben.
Die Zeichnung übertragen und exakt nachfalzen. Dabei den Bogen in fünf gleichmäßige Teile zu je 8 cm aufteilen.

Vitrine

Wie in einer Vitrine präsentiert sich hier der Inhalt. Egal ob eine Piccoloflasche oder eine Barbiepuppe, beides kommt mit dieser vorne zu öffnenden Schachtel groß raus.

Papierformat: Ein 42 x 60 cm großes Papier zuschneiden. Dieses ist ein Standardmaß, bei welchem die Verpackung eine Höhe von 28 cm erhält. Für eine Flaschenverpackung eine Größe von 55 x 80 cm zuschneiden. Stabiles Papier oder alte Plakate eignen sich besonders gut. Endmaße: 28 x 7 x 7 cm.

Faltbeginn: Die ungefärbte Seite liegt oben. Die Zeichnung auf das Papier übertragen und am Lineal entlang vorfalzen.

1. Aus den angegebenen waagerechten Linien in der Mitte Bergfalten erstellen, aus den übrigen Talfalten. Alle falten und wieder entfalten. Die oberen und unteren Ecken an die jeweilige Talfalte bringen. Der Innenbereich der oberen und unteren Dreiecke ergibt in der Verbindung eine senkrechte Talfalte. Diese falten und wieder entfalten. Jetzt die untere Kante nach hinten an die obere Kante bergfalten.

2. Die beiden unteren Ecken, wie angegeben, talfalten und wieder entfalten. Noch zwei Bergfalten im oberen Bereich nur mit der oberen Lage falten und entfalten. Die hintere Lage wieder nach unten bewegen.

2

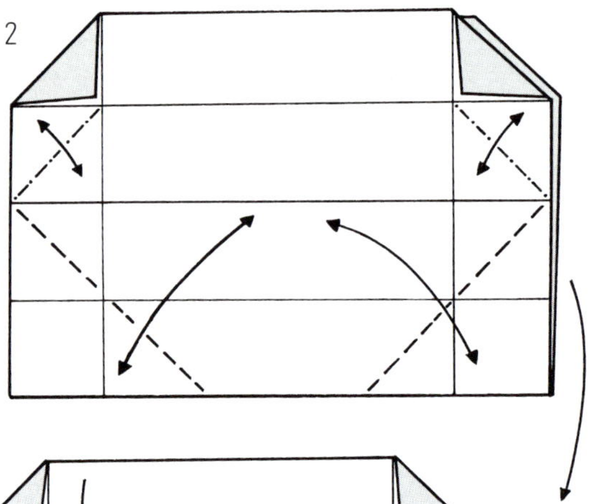

1

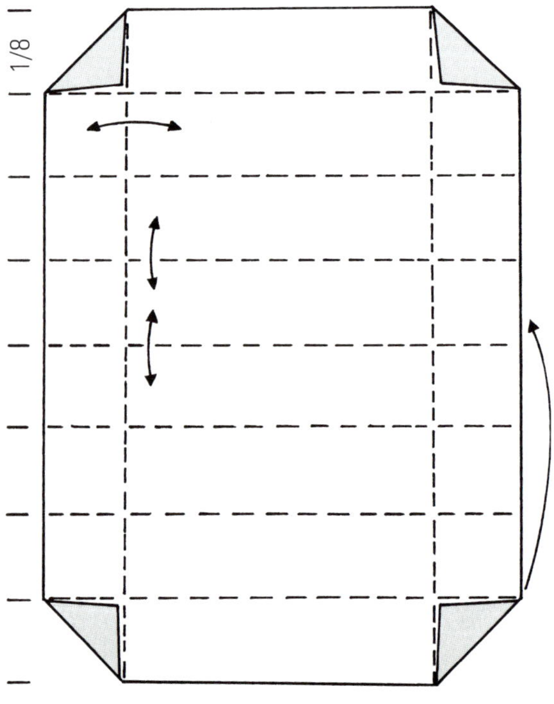

3

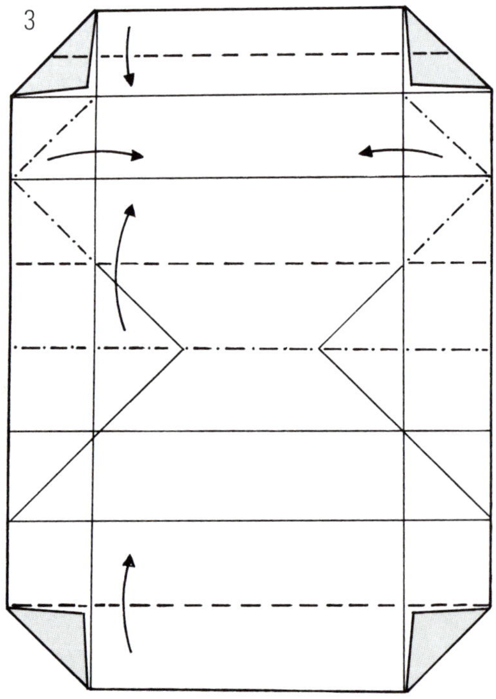

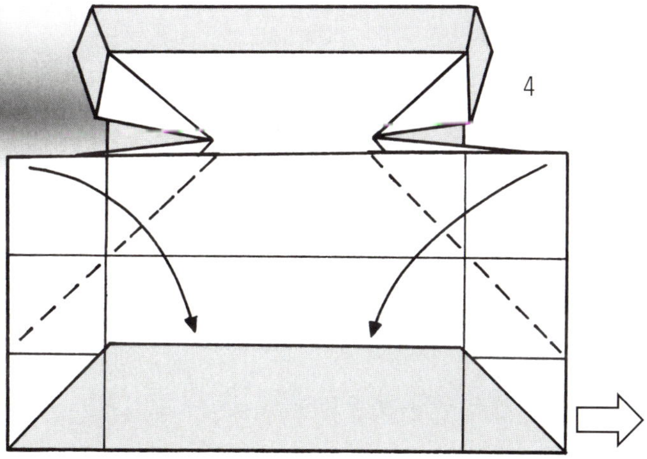

3. Genau in dieser Reihenfolge falten: Untere und obere Kante talfalten, die seitlichen Bergfalten zur Mitte bringen, danach die untere Bergfalten auf die Hälfte der Dreiecke falten.
4. Die oberen seitlichen Ecken, wie angegeben, talfalten.
5. Das Objekt muss jetzt so aussehen. Vergleichen Sie die gefaltete Figur mit der Zeichnung. Berg- und Talfalten im rechten und linken Bereich mit beiden Lagen falten und entfalten. Jetzt den mittleren Bereich im rechten Winkel nach oben ziehen. Dabei stellen sich die beiden Seitenflächen nach oben. Mit Daumen und Zeigefinger die Flächen so formen, dass diese rechtwinklig zueinander nach oben stehen. Die Rückwand und die beiden Seitenwände der Verpackung sind nun fertig.

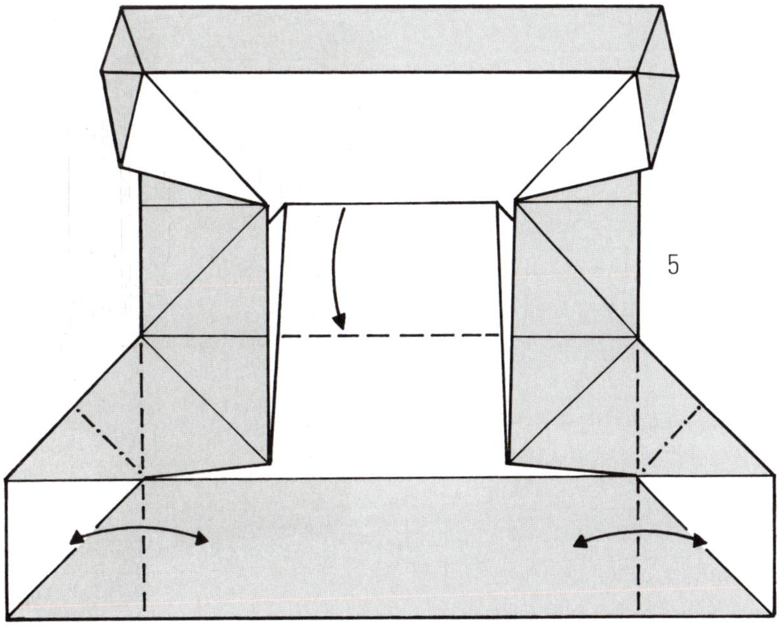

6

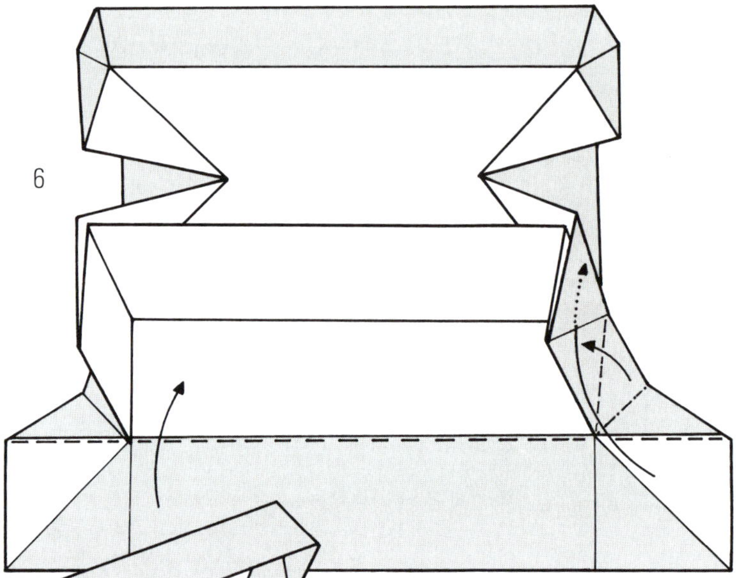

7

6. Die untere Kante talfalten und senkrecht nach oben bringen. Die äußeren Ecken im unteren Bereich jetzt in die diagonalen Seitentaschen stecken. Dabei die kleinen Dreiecke nach oben an die angegebene Fläche ziehen. Die Dreiecke liegen jetzt zwischen der inneren und äußeren Fläche.
7. Die Verpackung gut ausformen, damit sie exakt im rechten Winkel ist. Das Geschenk hineinlegen und den Deckel schließen. Fertig ist eine wunderschöne Verpackung.